此书谨献给泰王国公主诗琳通殿下六十华诞

泰国朱拉隆功大学孔子学院敬献

诗琳通公主访华题词荟萃

傅增有　〔泰〕马克仁　主编

北京大学出版社
PEKING UNIVERSITY PRESS

图书在版编目（CIP）数据

诗琳通公主访华题词荟萃 / 傅增有，（泰）马克仁主编.—北京：北京大学出版社，2015.10

ISBN 978-7-301-26228-3

Ⅰ.①诗… Ⅱ.①傅… ②马… Ⅲ.①诗琳通-语录 Ⅳ.①K833.367=5

中国版本图书馆CIP数据核字(2015)第205014号

书　　　名	诗琳通公主访华题词荟萃	
	SHILINTONG GONGZHU FANG HUA TICI HUICUI	
著作责任者	傅增有　〔泰〕马克仁　主编	
责任编辑	邓晓霞	
标准书号	ISBN 978-7-301-26228-3	
出版发行	北京大学出版社	
地　　　址	北京市海淀区成府路205号　100871	
网　　　址	http://www.pup.cn　　新浪微博：@北京大学出版社	
电子信箱	zpup@pup.cn	
电　　　话	邮购部62752015　发行部62750672　编辑部62767349	
印　刷　者	北京大学印刷厂	
经　销　者	新华书店	
	889毫米×1194毫米　16开本　23.75印张　120千字	
	2015年10月第1版　2015年10月第1次印刷	
定　　　价	120.00元	

未经许可，不得以任何方式复制或抄袭本书之部分或全部内容。
版权所有，侵权必究
举报电话：010-62752024　电子信箱：fd@pup.pku.edu.cn
图书如有印装质量问题，请与出版部联系，电话：010-62756370

  值此诗琳通公主殿下60岁寿辰之际，我谨向公主殿下致以诚挚祝贺。

  春风化雨，润物无声。自1981年以来，公主殿下先后访华30多次，积极推动两国文化、科技、教育、农业、经贸等各领域务实合作，为增进中泰传统友谊、加强两国全面战略合作伙伴关系作出了重要贡献，赢得两国政府和人民的广泛赞誉，是当之无愧的中泰友好杰出使者。

  今年是中泰建交40周年。回首过去，中泰关系保持了健康稳定发展，各领域合作不断深化，成果丰硕，为两国和两国人民带来了实实在在的利益。展望未来，中泰关系正迎来新的发展契机，两国在铁路、经贸、能源、人文等领域务实合作潜力巨大，前景广阔。我们愿与泰方携手努力，共同为促进地区乃至世界的和平、稳定与发展不断作出新贡献。

  在这特殊的年份，祝愿诗琳通公主殿下幸福安康，祝愿中泰关系蓬勃发展，两国人民的友谊世代相传、万古长青！

中国人民政治协商会议全国委员会主席

俞正声

二〇一五年三月四日于北京

目 录

俞正声主席贺词/ I

教育科研 /1

文化 /73

名胜古迹 /155

机关企业 /223

题名 /285

在泰题词 /319

附录 /351

编后语 /367

教育科研

促进交流

诗琳通

二〇〇〇·十二·二十三

2000年10月23日，诗琳通公主访问上海外国语大学并题词留念。（诗琳通公主办公室提供）

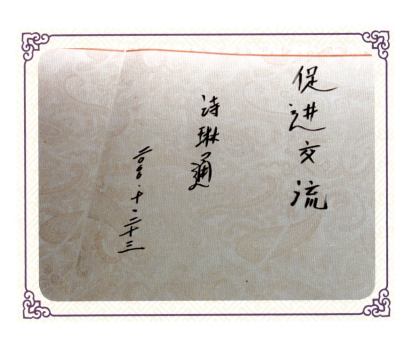

2000年10月23日，诗琳通公主为上海外国语大学题词"促进交流"。
（诗琳通公主办公室提供）

2002年10月15日，诗琳通公主访问北京大学计算机研究所并题词留念。（诗琳通公主办公室提供）

2002年10月15日，诗琳通公主为北京大学计算机研究所题词"挑战最前沿"。（诗琳通公主办公室提供）

2002年10月15日，诗琳通公主在北京大学计算机研究所与泰国留学生合影留念。（诗琳通公主办公室提供）

2002年10月15日,诗琳通公主访问北京外交人员语言文化中心并题词留念。(北京外交人员语言文化中心提供)

2002年10月15日,诗琳通公主为北京外交人员语言文化中心题词"友谊之桥"。(北京外交人员语言文化中心提供)

2005年4月,诗琳通公主与北京外交人员语言文化中心老师合影留念。(北京外交人员语言文化中心提供)

为人师表

诗琳通

2002年10月21日，诗琳通公主访问海南师范大学并题词留念。（诗琳通公主办公室提供）

2002年10月21日，诗琳通公主为海南师范大学题词"为人师表"。（诗琳通公主办公室提供）

风景这边独好

2003年10月9日,诗琳通公主参观深圳科技工业园并题词留念。(诗琳通公主办公室提供)

2003年10月9日,诗琳通公主为深圳科技工业园题词"风景这边独好"。(诗琳通公主办公室提供)

引领未来

诗班通

三十九

2003年10月9日，诗琳通公主参观深圳虚拟大学园并题词留念。（诗琳通公主办公室提供）

2003年10月9日，诗琳通公主为深圳虚拟大学园题词"引领未来"。（诗琳通公主办公室提供）

天人合一

傅琳迪

二〇一四.五.二十七

2004年2月26日，诗琳通公主访问北京航天指挥控制中心并题词留念。（诗琳通公主办公室提供）

2004年2月26日，诗琳通公主为北京航天指挥控制中心题词"天人合一"。（诗琳通公主办公室提供）

千年学府

诗琳通

二〇〇四·三·一

2004年3月1日,诗琳通公主访问湖南大学岳麓书院并题词留念。(诗琳通公主办公室提供)

2004年3月1日,诗琳通公主为湖南大学岳麓书院题词"千年学府"。(诗琳通公主办公室提供)

2004年3月1日,诗琳通公主与湖南大学岳麓书院领导合影留念。(图片来源:互联网)

科教兴国

诗琳通

二〇〇五.十一.三〇

2005年11月30日，诗琳通公主在北京访问中国科学院电子学研究所并题词"科教兴国"。（诗琳通公主办公室提供）

2005年11月30日，诗琳通公主访问中国科学院电子学研究所。（诗琳通公主办公室提供）

东方魅力

诗琳通

二〇〇六、四、四

2006年4月4日,诗琳通公主访问北京小汤山现代农业科学示范园并题词留念。(诗琳通公主办公室提供)

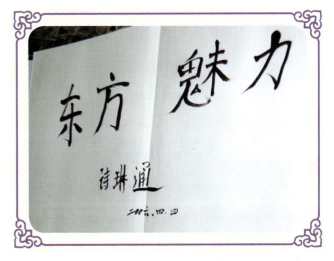

2006年4月4日,诗琳通公主为北京小汤山现代农业科学示范园题词"东方魅力"。(诗琳通公主办公室提供)

2006年4月4日,诗琳通公主参观北京小汤山现代农业科学示范园奇石馆。(北京小汤山现代农业科学示范园提供)

一流学府

诗琳通

二〇〇六·四·六

2006年4月6日,诗琳通公主访问浙江大学并题词留念。(诗琳通公主办公室提供)

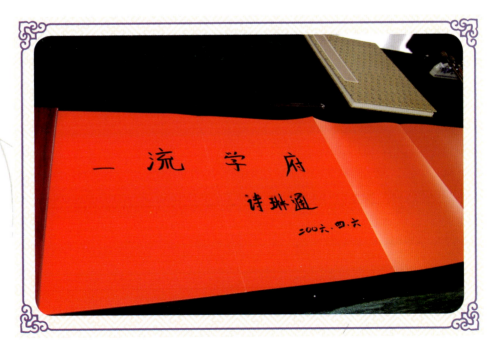

2006年4月6日,诗琳通公主为浙江大学题词"一流学府"。(诗琳通公主办公室提供)

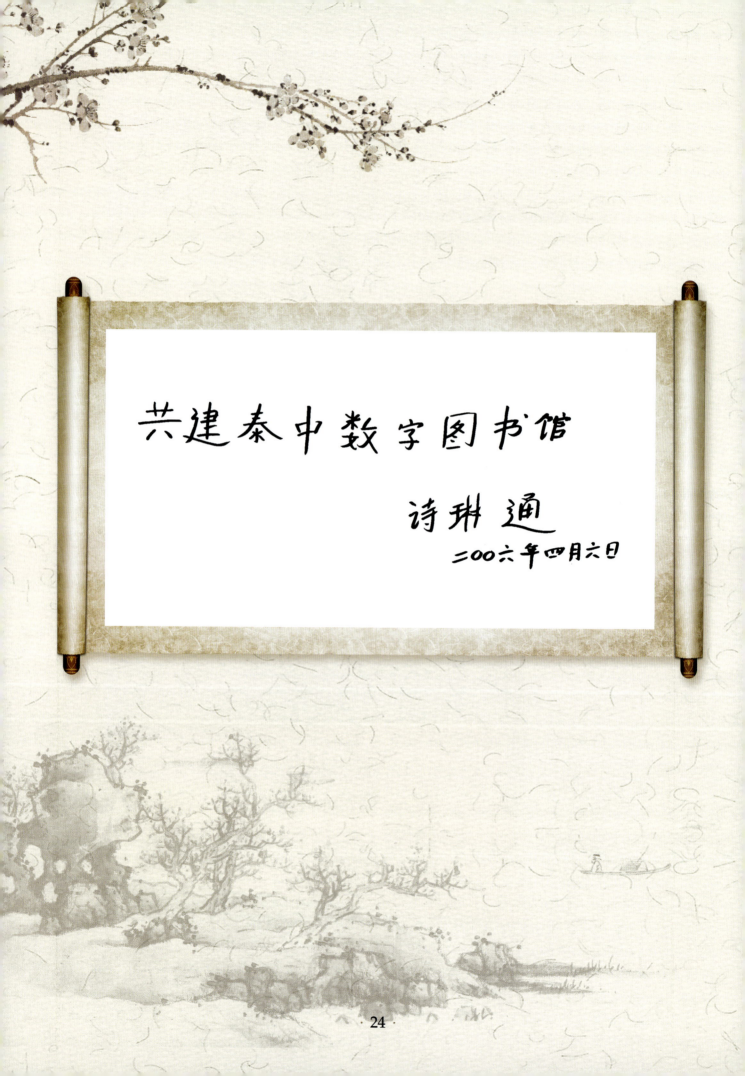

2006年4月6日，诗琳通公主参观访问浙江大学图书馆并题词留念。（诗琳通公主办公室提供）

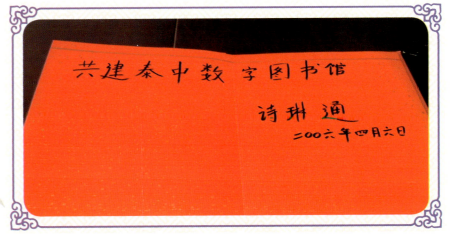

2006年4月6日，诗琳通公主为浙江大学图书馆题词"共建泰中数字图书馆"。（诗琳通公主办公室提供）

学无止境

诗琳通

二〇〇六四八

2006年4月8日，诗琳通公主访问广西民族大学并题词留念。（诗琳通公主办公室提供）

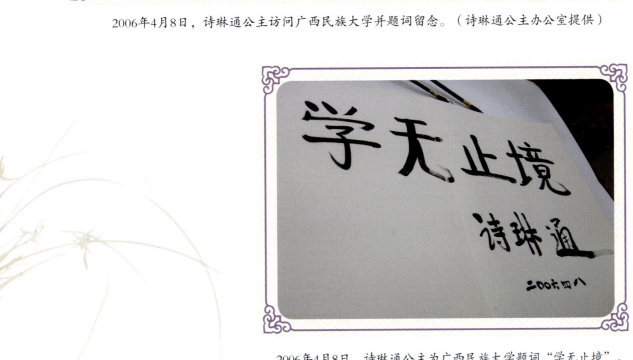

2006年4月8日，诗琳通公主为广西民族大学题词"学无止境"。（诗琳通公主办公室提供）

博学

诗班通
二〇〇六.四十一

2006年4月11日,诗琳通公主访问广东外语外贸大学并题词留念。
(诗琳通公主办公室提供)

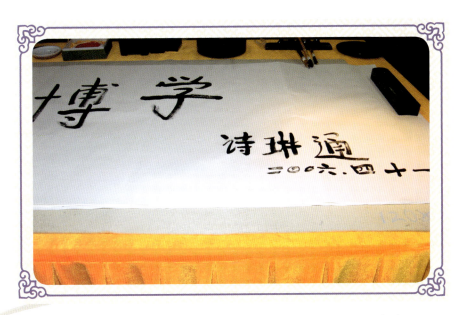

2006年4月11日,诗琳通公主为广东外语外贸大学题词"博学"。
(诗琳通公主办公室提供)

学无止境

诗琳通

二〇〇七、四、三

2007年4月3日，诗琳通公主在北京参观访问中国国家图书馆并题词留念。（诗琳通公主办公室提供）

2007年4月3日，诗琳通公主为中国国家图书馆题词"学无止境"。（诗琳通公主办公室提供）

神奇独特

诗琳通

二〇〇七.四.四

2007年4月4日,诗琳通公主参观青海生物科技产业园并题词留念。(诗琳通公主办公室提供)

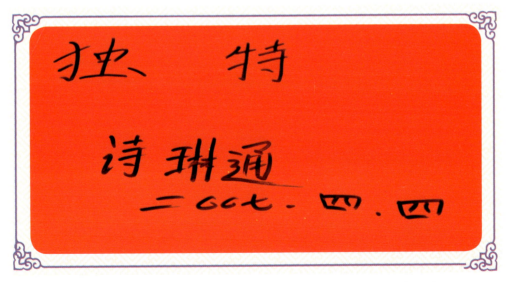

2007年4月4日,诗琳通公主为青海生物科技产业园题词"神奇独特"。(诗琳通公主办公室提供)

广育人才

诗琳通

2007年4月12日，诗琳通公主访问上海交通大学并题词留念。（诗琳通公主办公室提供）

2007年4月12日，诗琳通公主为上海交通大学题词"广育人才"。（诗琳通公主办公室提供）

三十而立

诗琳通

2008年4月3日,诗琳通公主在北京访问中国社会科学院研究生院并题词留念。
(诗琳通公主办公室提供)

2008年4月3日,诗琳通公主为中国社会科学院研究生院题词"三十而立"。
(诗琳通公主办公室提供)

科教兴国

2008年4月6日,诗琳通公主参观访问哈尔滨工业大学机器人研究所并题词留念。(诗琳通公主办公室提供)

2008年4月6日,诗琳通公主为哈尔滨工业大学题词"科教兴国"。(诗琳通公主办公室提供)

2008年4月6日,诗琳通公主参观哈尔滨工业大学机器人研究所。(图片来源:哈尔滨工业大学新闻网)

英才荟萃

诗琳通
二oon.四.七

2009年4月7日,诗琳通公主访问西安交通大学并题词留念。(诗琳通公主办公室提供)

2009年4月7日,诗琳通公主为西安交通大学题词"英才荟萃"。(诗琳通公主办公室提供)

2009年4月7日,西安交通大学授予诗琳通公主名誉教授。(图片来源:西安交通大学新闻网)

共创辉煌
促进交流

诗联通

2009年4月8日，诗琳通公主为北京大学题词"促进交流 共创辉煌"。（诗琳通公主办公室提供）

2009年4月8日，诗琳通公主访问北京大学并题词留念。（诗琳通公主办公室提供）

校才名育百年世济济

2009年4月8日,诗琳通公主参观北京大学校史馆并题词留念。(诗琳通公主办公室提供)

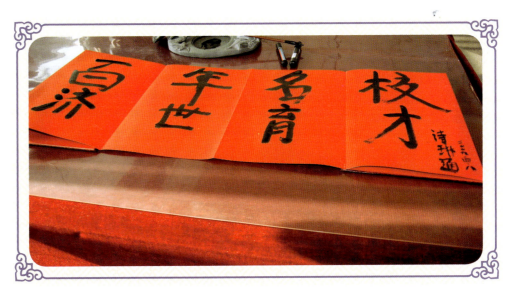

2009年4月8日,诗琳通公主为北京大学校史馆题词"百年名校 济世育才"。(诗琳通公主办公室提供)

敦品励学

诗琳通

2010年4月8日，诗琳通公主访问四川绵阳先锋路诗琳通公主小学，并与校领导及学生合影留念。（四川绵阳先锋路诗琳通公主小学提供）

2010年4月8日，诗琳通公主访问四川绵阳先锋路诗琳通公主小学并题词留念。（诗琳通公主办公室提供）

2010年4月8日，诗琳通公主为四川绵阳先锋路诗琳通公主小学题词"敦品励学"。（诗琳通公主办公室提供）

2010年7月23日,诗琳通公主访问上海应用物理研究所并题词留念。(诗琳通公主办公室提供)

2010年7月23日,诗琳通公主为上海应用物理研究所题词"共创辉煌"。(诗琳通公主办公室提供)

育才树人

许琪迪

2011.4.10

2011年4月10日,诗琳通公主在重庆访问西南大学并题词留念。(诗琳通公主办公室提供)

2011年4月10日,诗琳通公主为西南大学题词"育才树人"。(诗琳通公主办公室提供)

2011年4月10日,西南大学授予诗琳通公主名誉教授。(图片来源:互联网)

精益求精

诗琳通

二〇一二.四.三

2012年4月3日,诗琳通公主参观访问北京大学纳米化学研究中心并题词留念。(诗琳通公主办公室提供)

2012年4月3日,诗琳通公主参观访问北京大学纳米化学研究中心。(北京大学纳米化学研究中心提供)

2012年4月3日,诗琳通公主为北京大学纳米化学研究中心题词"精益求精"。(北京大学纳米化学研究中心提供)

科技兴国

2013年4月7日,诗琳通公主在北京访问国家纳米科技中心并题词留念。(诗琳通公主办公室提供)

2013年4月7日,诗琳通公主为国家纳米科技中心题词"科技兴国"。(诗琳通公主办公室提供)

2013年4月7日,诗琳通公主参观国家纳米科技中心检测实验室。(国家纳米科学中心提供)

职教之花

诗琳通

二〇一三、四、八

2013年4月8日，诗琳通公主访问天津中德职业技术学院并题词留念。（诗琳通公主办公室提供）

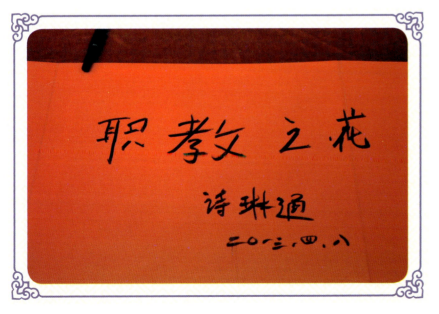

2013年4月8日，诗琳通公主为天津中德职业技术学院题词"职教之花"。（诗琳通公主办公室提供）

极地之缘

蒋册通

二〇一三.四.十二

2013年4月11日，诗琳通公主在上海参观访问中国极地研究中心并题词留念。（诗琳通公主办公室提供）

2013年4月11日，诗琳通公主为中国极地研究中心题词"极地之缘"。（诗琳通公主办公室提供）

2013年4月11日，诗琳通公主在中国极地研究中心参观雪龙号极地考察船。（图片来源：《中国海洋报》网站）

为人师表

蒋妍通

二〇一三、四、十一

2013年4月11日，诗琳通公主在上海访问华东师范大学并题词留念。（诗琳通公主办公室提供）

2013年4月11日，诗琳通公主为华东师范大学题词"为人师表"。（华东师范大学提供）

2013年4月11日，诗琳通公主在华东师范大学参观"中泰一家亲"成果展。（华东师范大学提供）

友谊之桥

诗 琳通

二0一三.十.三十一

2013年10月31日，诗琳通公主访问广东外语外贸大学并题词留念。（诗琳通公主办公室提供）

2013年10月31日，诗琳通公主为广东外语外贸大学题词"友谊之桥"。（诗琳通公主办公室提供）

2013年10月31日，诗琳通公主访问广东外语外贸大学时题词并盖章留念。（诗琳通公主办公室提供）

科技之光

诗琳通

二〇一三·十·三十一

2013年10月31日,诗琳通公主访问广东科学中心并题词留念。(诗琳通公主办公室提供)

2013年10月31日,诗琳通公主为广东科学中心题词"科技之光"。(诗琳通公主办公室提供)

2013年10月31日,诗琳通公主参观访问广东科学中心。(图片来源:互联网)

再创佳绩

诗琳通

二〇一四．四．十

2014年4月10日，诗琳通公主在北京访问中国科学院大学并题词留念。（诗琳通公主办公室提供）

2014年4月10日，诗琳通公主在北京访问中国科学院大学时与校领导及泰国留学生合影留念。（中国科学院大学提供）

2014年4月10日，诗琳通公主为中国科学院大学题词"再创佳绩"。（诗琳通公主办公室提供）

中泰友谊

诗琳通
二〇一三·一·廿

2015年1月7日,诗琳通公主在泰国吉拉达学校为四川绵阳先锋路诗琳通公主小学题词留念。(四川绵阳先锋路诗琳通公主小学提供)

2015年1月7日,诗琳通公主为四川绵阳先锋路诗琳通公主小学题词"中泰友谊"。(四川绵阳先锋路诗琳通公主小学提供)

春华秋实

诗琳通
二〇一五.四.四

2015年4月4日,诗琳通公主访问北京大学对外汉语教育学院并题词留念。(北京大学对外汉语教育学院提供)

春华秋实
诗琳通
二〇一五.四.四

2015年4月4日,诗琳通公主为北京大学对外汉语教育学院题词"春华秋实"。(北京大学对外汉语教育学院提供)

2015年4月4日,诗琳通公主访问北京大学对外汉语教育学院。(北京大学对外汉语教育学院提供)

文化

齐鲁古老文化

诗琳通 2000·3·十

2000年3月10日,诗琳通公主为山东省博物馆题词"齐鲁古老文化"。(诗琳通公主办公室提供)

2000年3月10日,诗琳通公主参观访问山东省博物馆。(山东省博物馆提供)

文化宝库

诗琳通

二〇〇〇·三·十二

2000年3月12日，诗琳通公主参观访问河南省博物馆并题词留念。（诗琳通公主办公室提供）

2000年3月12日，诗琳通公主为河南省博物馆题词"文化宝库"。（河南省博物馆提供）

2000年3月12日，诗琳通公主参观访问河南省博物馆。（河南省博物馆提供）

丰富多彩

诗琳通

二〇一八.七

2001年8月17日，诗琳通公主参观访问青海省博物馆并题词留念。（青海省博物馆提供）

2001年8月17日，诗琳通公主为青海省博物馆题词"丰富多彩"。（青海省博物馆提供）

2001年8月17日，诗琳通公主参观青海省博物馆历史文物展览。（青海省博物馆提供）

珍贵史料

诗琳通

二〇〇六·十二

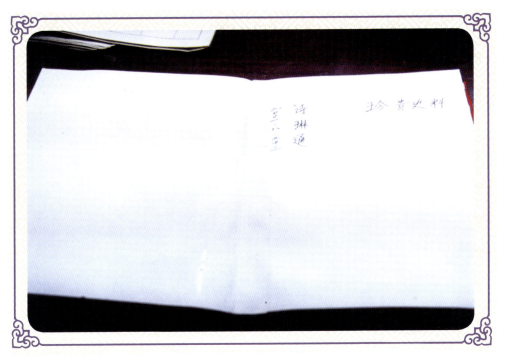

2001年8月22日,诗琳通公主为西藏自治区档案馆题词"珍贵史料"。(诗琳通公主办公室提供)

2001年8月,诗琳通公主在西藏参观访问。(傅学章大使提供)

闽越之风

诗琳通

二〇〇一.十.十六

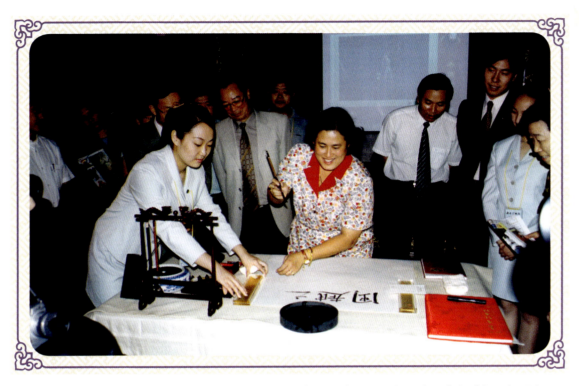

2002年10月16日，诗琳通公主参观访问福建省博物馆并题词留念。（福建省博物馆提供）

2002年10月16日，诗琳通公主为福建省博物馆题词"闽越之风"。（福建省博物馆提供）

女中英雄

2002年10月22日，诗琳通公主参观访问海南省琼海市红色娘子军纪念园并题词留念。
（诗琳通公主办公室提供）

2002年10月22日，诗琳通公主为红色娘子军纪念园题词"女中英雄"。
（诗琳通公主办公室提供）

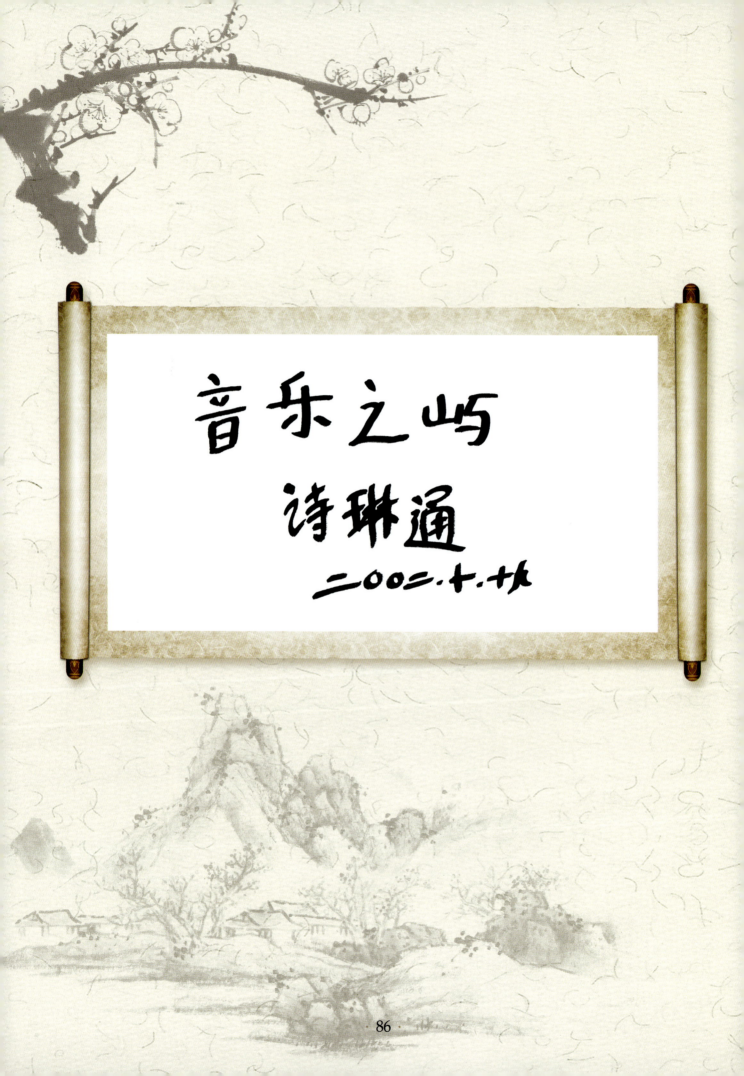

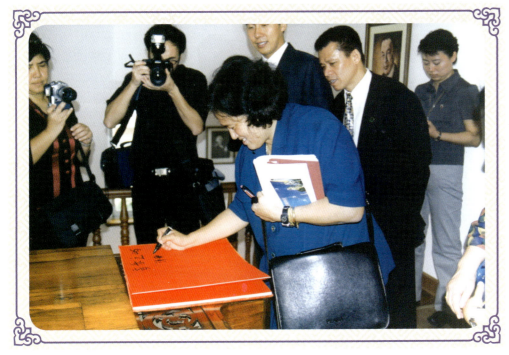

2002年10月19日，诗琳通公主在厦门参观访问鼓浪屿钢琴博物馆并题词留念。（诗琳通公主办公室提供）

2002年10月19日，诗琳通公主为鼓浪屿钢琴博物馆题词"音乐之屿"。（鼓浪屿钢琴博物馆提供）

2002年10月19日，诗琳通公主参观访问鼓浪屿钢琴博物馆。（鼓浪屿钢琴博物馆提供）

文化瑰宝

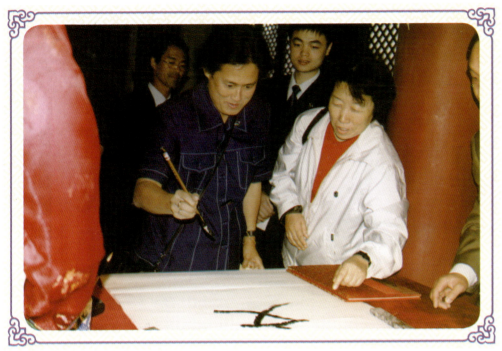

2003年8月16日,诗琳通公主在内蒙古锡林浩特市参观锡林郭勒盟蒙古族文物展览并题词留念。(诗琳通公主办公室提供)

2003年8月16日,诗琳通公主为内蒙古锡林郭勒盟蒙古族文物展览题词"文化瑰宝"。(诗琳通公主办公室提供)

源远流长史

诗拼通

一二三八七

2003年8月17日,诗琳通公主参观访问内蒙古博物馆并题词留念。(诗琳通公主办公室提供)

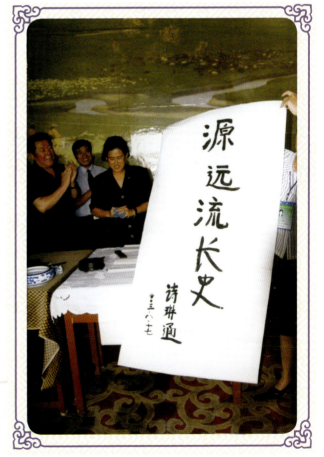

2003年8月17日,诗琳通公主为内蒙古博物馆题词"源远流长史"。(诗琳通公主办公室提供)

人杰地灵

诗珊题

二〇二三·八·二十三

2003年8月23日，诗琳通公主参观访问江西省博物馆并题词留念。（诗琳通公主办公室提供）

2003年8月23日，诗琳通公主为江西省博物馆题词"人杰地灵"。（江西省博物馆提供）

2003年8月23日，诗琳通公主参观访问江西省博物馆。（江西省博物馆提供）

必胜之军

诗琳通

二〇三八·二十三

2003年8月23日,诗琳通公主参观访问南昌八一起义纪念馆并题词留念。(诗琳通公主办公室提供)

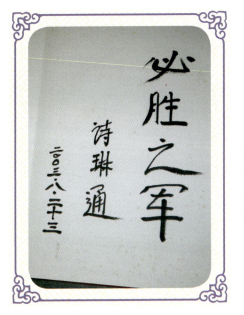

2003年8月23日,诗琳通公主为南昌八一起义纪念馆题词"必胜之军"。(南昌八一起义纪念馆提供)

2003年8月23日,诗琳通公主参观访问南昌八一起义纪念馆。(南昌八一起义纪念馆提供)

成功之路

诗琳通

二〇三八二四

2003年8月24日，诗琳通公主参观访问江西井冈山革命博物馆并题词留念。（诗琳通公主办公室提供）

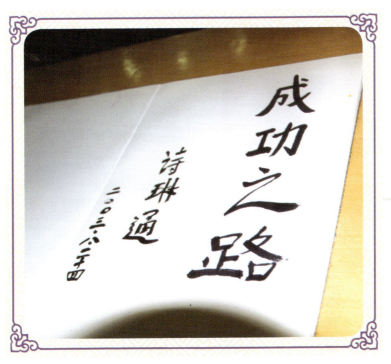

2003年8月24日，诗琳通公主为江西井冈山革命博物馆题词"成功之路"。（诗琳通公主办公室提供）

能工巧匠

2004年2月27日，诗琳通公主在北京参观访问中国紫檀博物馆并题词留念。（诗琳通公主办公室提供）

2004年2月27日，诗琳通公主为中国紫檀博物馆题词"能工巧匠"。（诗琳通公主办公室提供）

2004年2月27日，诗琳通公主参观访问中国紫檀博物馆。（中国紫檀博物馆提供）

巧夺天工

诗琳通
二〇〇四·三

2004年3月1日,诗琳通公主参观访问湖南湘绣博物馆并题词留念。(诗琳通公主办公室提供)

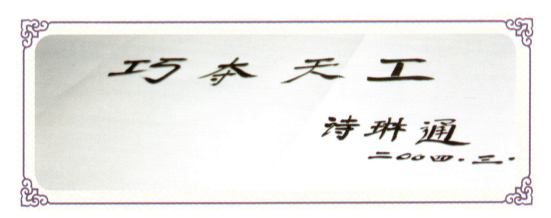

2004年3月1日,诗琳通公主为湖南湘绣博物馆题词"巧夺天工"。(诗琳通公主办公室提供)

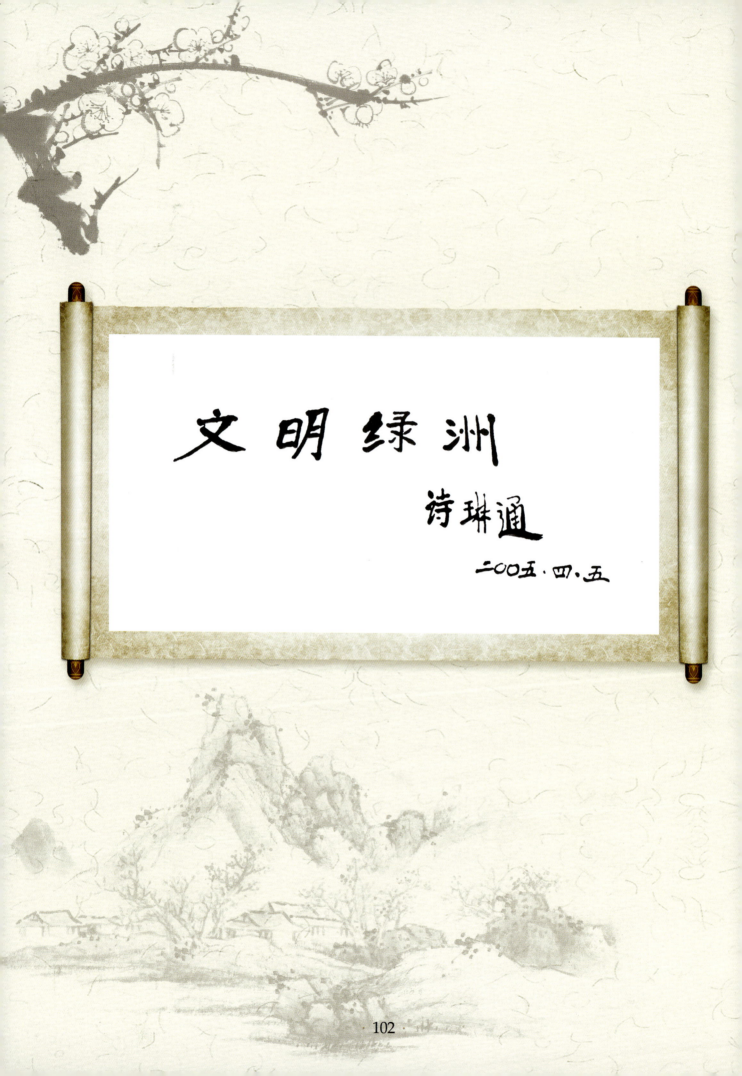

2005年4月5日，诗琳通公主参观访问中国科学院新疆生态与地理研究所标本馆并题词留念。（中国科学院新疆生态与地理研究所标本馆提供）

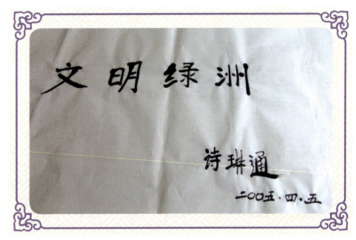

2005年4月5日，诗琳通公主为中国科学院新疆生态与地理研究所标本馆题词"文明绿洲"。（中国科学院新疆生态与地理研究所标本馆提供）

2005年4月5日，诗琳通公主参观访问中国科学院新疆生态与地理研究所标本馆，了解新疆地貌情况。（中国科学院新疆生态与地理研究所标本馆提供）

艺术瑰宝

诗琳通

二〇〇五·四·十一

2005年4月11日,诗琳通公主参观访问敦煌研究院藏经洞陈列馆并题词留念。(诗琳通公主办公室提供)

2005年4月11日,诗琳通公主为敦煌研究院题词"艺术瑰宝"。(诗琳通公主办公室提供)

远古王国

诗琳通

二〇〇五.四.十三

2005年4月13日,诗琳通公主参观访问四川三星堆博物馆并题词留念。(诗琳通公主办公室提供)

2005年4月13日,诗琳通公主在四川参观访问三星堆博物馆。(三星堆博物馆提供)

2005年4月13日,诗琳通公主为三星堆博物馆题词"远古王国"。(三星堆博物馆提供)

丝绸之府

诗琳通

二〇〇六.四.六

2006年4月6日，诗琳通公主在杭州参观中国丝绸博物馆并题词留念。（中国丝绸博物馆提供）

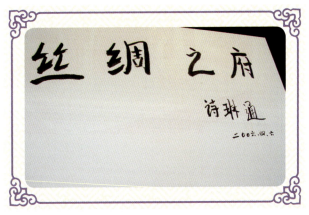

2006年4月6日，诗琳通公主为中国丝绸博物馆题词"丝绸之府"。（中国丝绸博物馆提供）

2006年4月6日，诗琳通公主参观访问中国丝绸博物馆。（中国丝绸博物馆提供）

功绩卓越

许琳通

二〇〇六年四月八日

2006年4月8日，诗琳通公主参观访问广西百色起义纪念馆并题词留念。（诗琳通公主办公室提供）

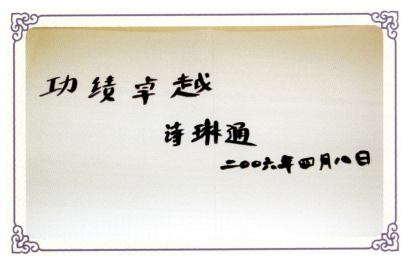

2006年4月8日，诗琳通公主为广西百色起义纪念馆题词"功绩卓越"。（诗琳通公主办公室提供）

千年古陶

2007年4月5日,诗琳通公主在青海乐都参观访问柳湾彩陶博物馆并题词留念。
(诗琳通公主办公室提供)

2007年4月5日,诗琳通公主在青海乐都为柳湾彩陶博物馆题词"千年古陶"。
(诗琳通公主办公室提供)

万卷书香

诗琳通

二00七·四·十

2007年4月11日,诗琳通公主参观访问宁波天一阁博物馆并题词留念。(诗琳通公主办公室提供)

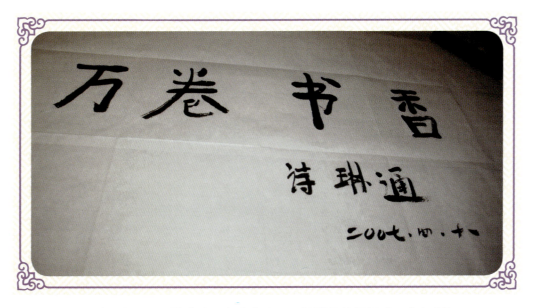

2007年4月11日,诗琳通公主为宁波天一阁博物馆题词"万卷书香"。(诗琳通公主办公室提供)

2008年4月6日,诗琳通公主参观访问哈尔滨中央书店并题词留念。(诗琳通公主办公室提供)

2008年4月6日,诗琳通公主为哈尔滨中央书店题词"慎行"。(诗琳通公主办公室提供)

好朋友

诗琳通
二〇〇八·八·五

2008年8月9日，诗琳通公主到作家王蒙家访问并题词留念。（王蒙先生提供）

2008年8月9日，诗琳通公主在作家王蒙家为王蒙先生题词留念，此作品后在"青春万岁——王蒙文学生涯六十年"展览中展出。（王蒙先生提供）

茶麻传友谊

2009年4月4日，诗琳通公主参观访问成都麻将与茶文化博览馆并题词留念。（诗琳通公主办公室提供）

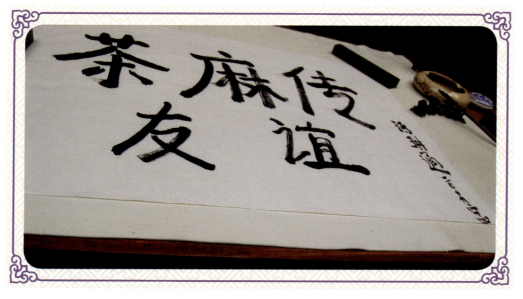

2009年4月4日，诗琳通公主为成都麻将与茶文化博览馆题词"茶麻传友谊"。（诗琳通公主办公室提供）

古蜀文明之萃

2009年4月5日，诗琳通公主在四川成都参观访问金沙遗址博物馆并题词留念。（诗琳通公主办公室提供）

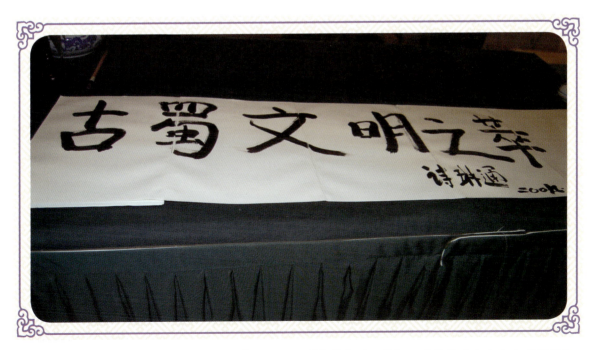

2009年4月5日，诗琳通公主为金沙遗址博物馆题词"古蜀文明之萃"。（诗琳通公主办公室提供）

华夏珍宝

2009年4月5日,诗琳通公主参观访问陕西历史博物馆并题词留念。(诗琳通公主办公室提供)

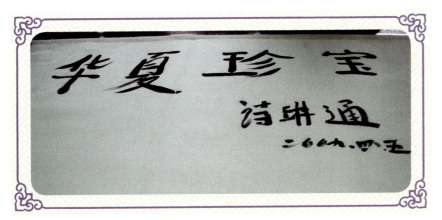

2009年4月5日,诗琳通公主为陕西历史博物馆题词"华夏珍宝"。(诗琳通公主办公室提供)

见证历史
展望未来
诗琳通
二〇〇九.四.九

2009年4月9日，诗琳通公主参观访问北京城市规划博物馆并题词留念。（诗琳通公主办公室提供）

2009年4月9日，诗琳通公主为北京城市规划博物馆题词"见证历史 展望未来"。（诗琳通公主办公室提供）

科技是人类进步的动力

诗琳灵
二00九.七.二十三

2009年7月23日,诗琳通公主参观访问上海科技馆并题词留念。(诗琳通公主办公室提供)

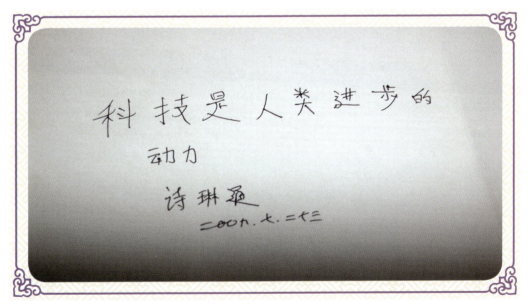

2009年7月23日,诗琳通公主为上海科技馆题词"科技是人类进步的动力"。(诗琳通公主办公室提供)

精神家园

2009年7月23日,诗琳通公主参观访问上海书店并题词留念。(诗琳通公主办公室提供)

2009年7月23日,诗琳通公主为上海书店题词"精神家园"。(诗琳通公主办公室提供)

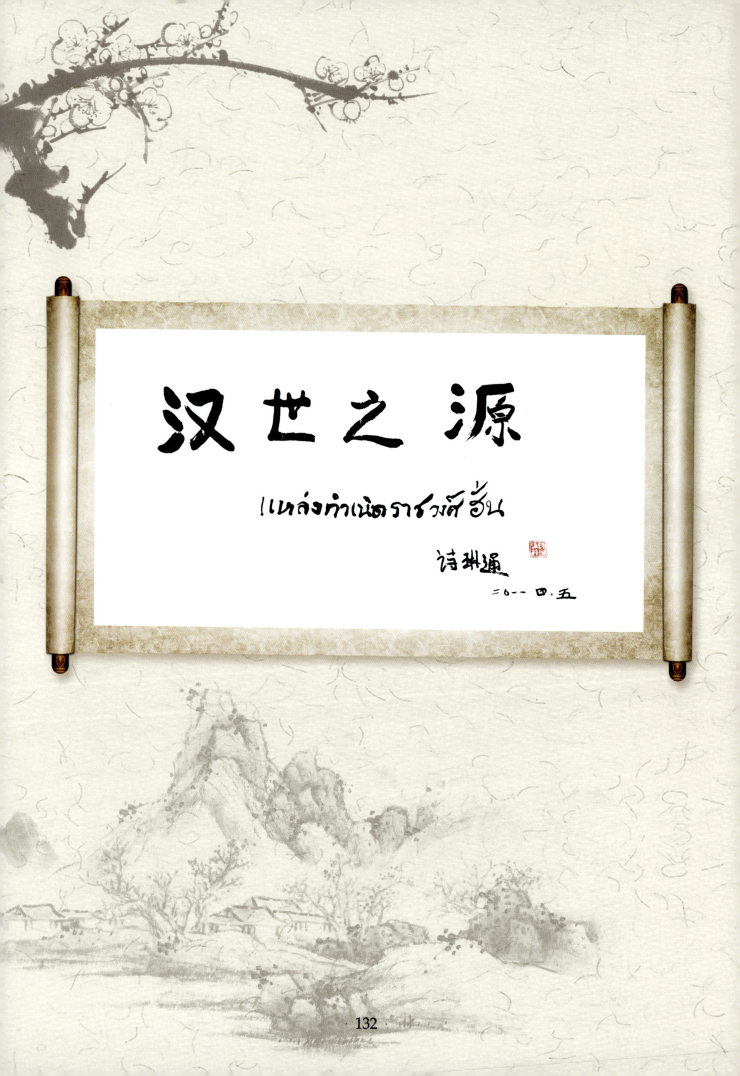

2011年4月5日，诗琳通公主参观访问江苏徐州汉画像石艺术馆并题词留念。（诗琳通公主办公室提供）

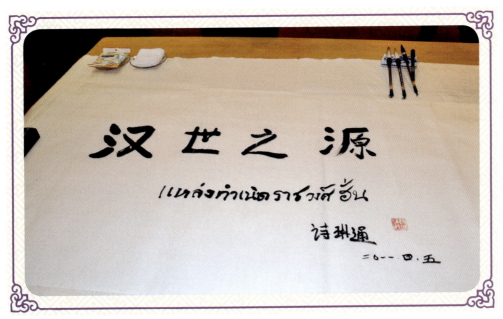

2011年4月5日，诗琳通公主为江苏徐州汉画像石艺术馆题词"汉世之源"。（诗琳通公主办公室提供）

浩气长存

2011年4月5日,诗琳通公主在江苏徐州参观访问淮海战役烈士纪念塔并题词留念。(诗琳通公主办公室提供)

2011年4月5日,诗琳通公主为江苏徐州淮海战役烈士纪念塔题词"浩气长存"。(诗琳通公主办公室提供)

2011年4月5日,诗琳通公主参观访问江苏徐州淮海战役烈士纪念塔。(图片来源:淮海战役纪念馆网站)

革命圣地

2011年4月11日，诗琳通公主参观访问延安革命纪念馆并题词留念。（诗琳通公主办公室提供）

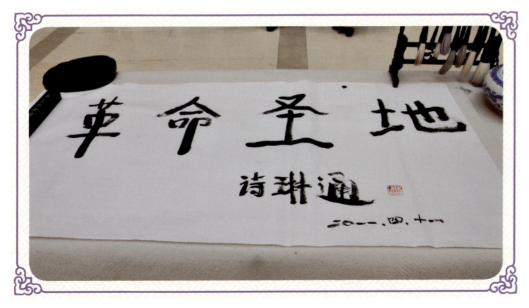

2011年4月11日，诗琳通公主为延安革命纪念馆题词"革命圣地"。（诗琳通公主办公室提供）

故人相见

许琳通
二〇一三、四、六

2013年4月6日,诗琳通公主在作家王蒙家题词留念。(诗琳通公主办公室提供)

2013年4月6日,诗琳通公主为作家王蒙题词"故人相见"。(诗琳通公主办公室提供)

2013年4月6日,诗琳通公主将自己翻译的中文小说《她的城》赠送给王蒙先生。(王蒙先生提供)

美好家园

2013年4月8日,诗琳通公主参观访问天津规划展览馆并题词留念。(诗琳通公主办公室提供)

2013年4月8日,诗琳通公主为天津规划展览馆题词"美好家园"。(诗琳通公主办公室提供)

品味江城

诗琳通

二〇一三.四.十

2013年4月10日，诗琳通公主参观访问武汉规划展示馆并题词留念。（诗琳通公主办公室提供）

2013年4月10日，诗琳通公主为武汉规划展示馆题词"品味江城"。（诗琳通公主办公室提供）

2013年4月10日，诗琳通公主参观访问武汉规划展示馆。（图片来源：武汉规划展示馆网站）

文化岭南

2013年10月31日，诗琳通公主参观访问广东省博物馆并题词留念。（诗琳通公主办公室提供）

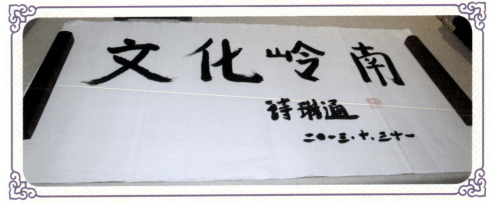

2013年10月31日，诗琳通公主为广东省博物馆题词"文化岭南"。（诗琳通公主办公室提供）

2013年10月31日，诗琳通公主访问广东省博物馆，参观"广东历史文化展"。（广东省博物馆提供）

千古一校

诗琳通

二〇一三.十.二十一

2013年10月31日,诗琳通公主在广东参观访问黄埔军校旧址纪念馆并题词留念。(诗琳通公主办公室提供)

2013年10月31日,诗琳通公主为黄埔军校旧址纪念馆题词"千古一校"。(诗琳通公主办公室提供)

书写我心

诗琳通
二〇一四.四.六

2014年4月6日，诗琳通公主参观访问上海市作家协会并题词留念。（上海市作家协会提供）

2014年4月6日，诗琳通公主参观访问上海市作家协会。（上海市作家协会提供）

2014年4月6日，诗琳通公主为上海市作家协会题词"书写我心"。（上海市作家协会提供）

笔墨春秋

2014年4月11日,诗琳通公主在北京参观访问中国现代文学馆并题词留念。(诗琳通公主办公室提供)

2014年4月11日,诗琳通公主为中国现代文学馆题词"笔墨春秋"。(诗琳通公主办公室提供)

记者之家

2014年4月11日，诗琳通公主参观访问中国记者协会并题词留念。（中国记者协会提供）

2014年4月11日，诗琳通公主为中国记者协会题词"记者之家"。（中国记者协会提供）

2014年4月11日，诗琳通公主参观访问中国记者协会。（中国记者协会提供）

名胜古迹

友好
中泰

一九九〇・四・十四
诗琳 进

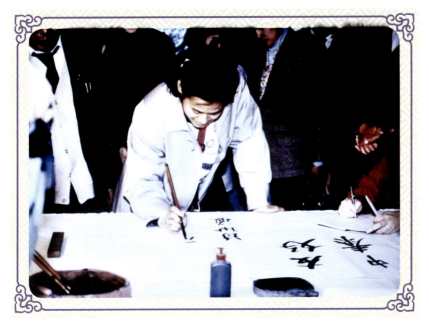

1990年4月14日，诗琳通公主在甘肃参观访问嘉峪关长城并题词留念。（诗琳通公主办公室提供）

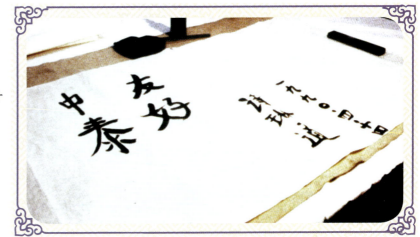

1990年4月14日，诗琳通公主为甘肃嘉峪关长城题词"中泰友好"。（诗琳通公主办公室提供）

1990年4月，诗琳通公主在甘肃嘉峪关考察丝绸之路。（诗琳通公主办公室提供）

敦煌艺术
名誉全球

诗琳通
一九九0.四.十六

1990年4月16日，诗琳通公主参观甘肃敦煌莫高窟并题词留念。（诗琳通公主办公室提供）

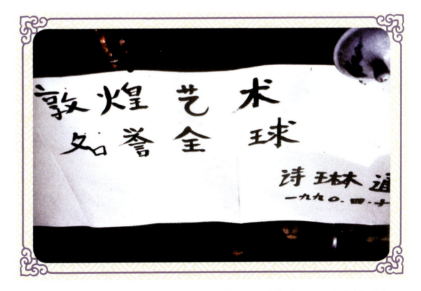

1990年4月16日，诗琳通公主为甘肃敦煌莫高窟题词"敦煌艺术名誉全球"。（诗琳通公主办公室提供）

大足石刻美

诗琳通
一九九六、八、十五

1996年8月15日，诗琳通公主参观重庆大足县宝顶山并题词留念。（大足石刻旅游景区提供）

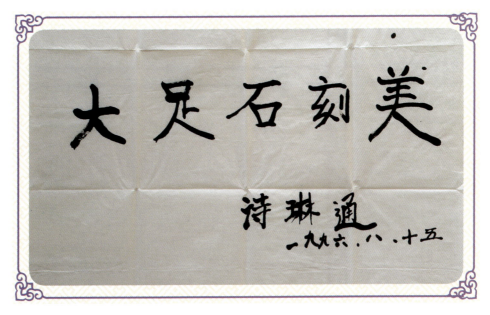

1996年8月15日，诗琳通公主为重庆大足县宝顶山题词"大足石刻美"。（大足石刻旅游景区提供）

大足历史长

诗琳通

一九九六年八月十日

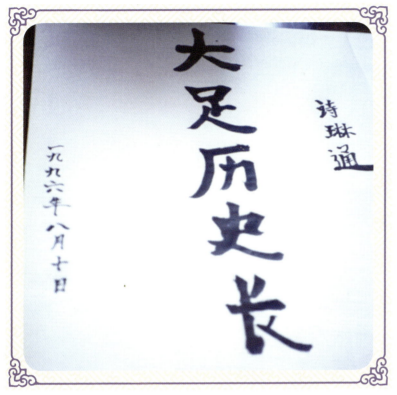

1996年8月15日,诗琳通公主为重庆大足县宝顶山题词"大足历史长"。(诗琳通公主办公室提供)

※注:题词日期为8月15日,公主题词误写成"8月10日"。

1996年8月15日,诗琳通公主参观重庆大足县宝顶山。(大足石刻旅游景区提供)

黄山景色雄奇迷人

诗琳通

1996年8月24日，诗琳通公主参观安徽黄山并题词"黄山景色雄奇迷人"。（诗琳通公主办公室提供）

1996年8月24日，诗琳通公主参观安徽黄山。（黄山风景区提供）

孔子思想世代传

诗琳通

二〇〇四年三月十一日

2000年3月11日，诗琳通公主在山东曲阜参观孔府并题词留念。（诗琳通公主办公室提供）

2000年3月11日，诗琳通公主为孔府题词"孔子思想世代传"。（诗琳通公主办公室提供）

天地人理看易经

诗琳通 二〇二三

2000年3月13日,诗琳通公主参观河南安阳羑里城并题词留念。(诗琳通公主办公室提供)

2000年3月13日,诗琳通公主为河南安阳羑里城题词"天地人理看易经"。(诗琳通公主办公室提供)

书法范本

诗琳通 二〇〇三十五

2000年3月15日，诗琳通公主在河南开封参观中国翰园碑林并题词留念。（中国翰园碑林提供）

2000年3月15日，诗琳通公主为中国翰园碑林题词"书法范本"。（中国翰园碑林提供）

2000年3月15日，诗琳通公主参观中国翰园碑林题词。（中国翰园碑林提供）

公正严明

诗琳通

2000年3月15日，诗琳通公主参观河南开封包公祠并题词留念。（开封包公祠旅游开发有限公司提供）

2000年3月15日，诗琳通公主为开封包公祠题词"公正严明"。（诗琳通公主办公室提供）

2000年3月15日，诗琳通公主参观开封包公祠。（开封包公祠旅游开发有限公司提供）

民宅之典

诗琳通

二〇〇〇.五.十八

2000年3月18日,诗琳通公主参观山西祁县乔家大院并题词留念。(乔家大院旅游区提供)

2000年3月18日,诗琳通公主为山西祁县乔家大院题词"民宅之典"。(乔家大院旅游区提供)

2000年3月18日,诗琳通公主参观山西祁县乔家大院。(诗琳通公主办公室提供)

古城宏伟海
诗琳通
二〇〇〇.三.十八

2000年3月18日，诗琳通公主参观山西平遥古城并题词留念。（世界遗产平遥古城管委会提供）

2000年3月18日，诗琳通公主为山西平遥古城题词"古城雄姿"。（诗琳通公主办公室提供）

佛光永照

诗琳通

二〇〇三十九

2000年3月19日,诗琳通公主为山西大同云冈石窟题词"佛光永照"。(云冈石窟研究院提供)

2000年3月19日,诗琳通公主参观山西大同云冈石窟。(云冈石窟研究院提供)

2000年3月19日，诗琳通公主参观山西大同悬空寺并题词留念。（诗琳通公主办公室提供）

2000年3月19日，诗琳通公主为山西大同悬空寺题词"空中显佛心"。（诗琳通公主办公室提供）

明心念佛

诗琳通

二OOO．十．十七

2000年10月17日，诗琳通公主参观北京广济寺并题词留念。（中国佛教协会提供）

2000年10月17日，诗琳通公主为北京广济寺题词"明心念佛"。（诗琳通公主办公室提供）

2000年10月17日，诗琳通公主在北京广济寺礼佛。（中国佛教协会提供）

2003年8月23日,诗琳通公主参观江西南昌绳金塔并题词留念。(诗琳通公主办公室提供)

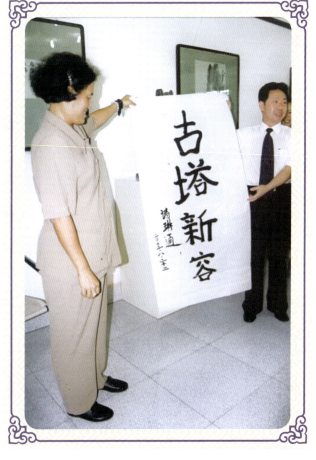

2003年8月23日,诗琳通公主为江西南昌绳金塔题词"古塔新容"。(诗琳通公主办公室提供)

美不胜收

诗琳通

二〇〇四·三·二

2004年3月2日,诗琳通公主参观湖南张家界黄石寨并题词留念。(诗琳通公主办公室提供)

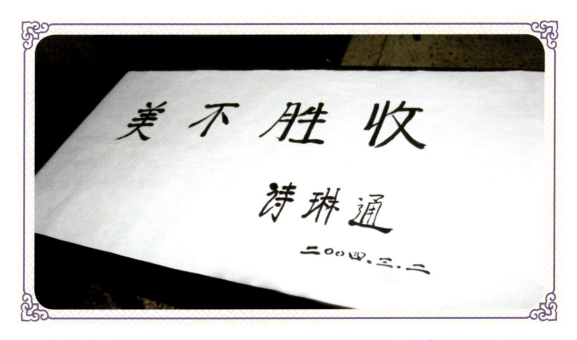

2004年3月2日,诗琳通公主为湖南张家界黄石寨题词"美不胜收"。(诗琳通公主办公室提供)

梦幻世界

诗琳通 二〇〇四、三、三

2004年3月3日，诗琳通公主参观湖南张家界武陵源黄龙洞并题词留念。
（诗琳通公主办公室提供）

2004年3月3日，诗琳通公主为湖南张家界武陵源黄龙洞题词"梦幻世界"。
（诗琳通公主办公室提供）

奇山异水

诗琳通

二〇〇四·五·三

2004年3月3日，诗琳通公主参观湖南张家界天子山风景区并题词留念。（诗琳通公主办公室提供）

2004年3月3日，诗琳通公主为湖南张家界天子山风景区题词"奇山异水"。（诗琳通公主办公室提供）

天下凤凰

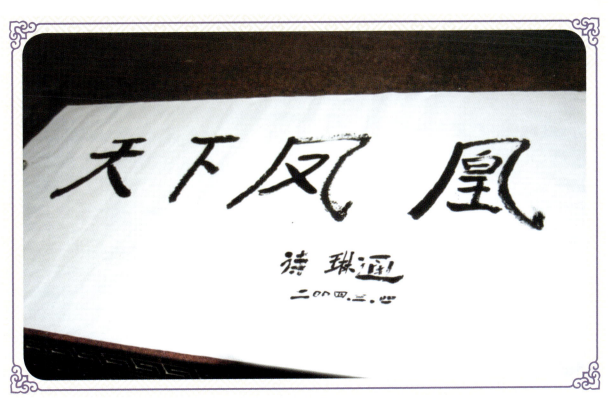

2004年3月4日，诗琳通公主为湖南湘西土家族苗族自治州凤凰古城题词"天下凤凰"。（诗琳通公主办公室提供）

2004年3月，诗琳通公主在湖南参观访问。（傅学章大使提供）

古村遗韵

诗琳通

二〇〇四·三·五

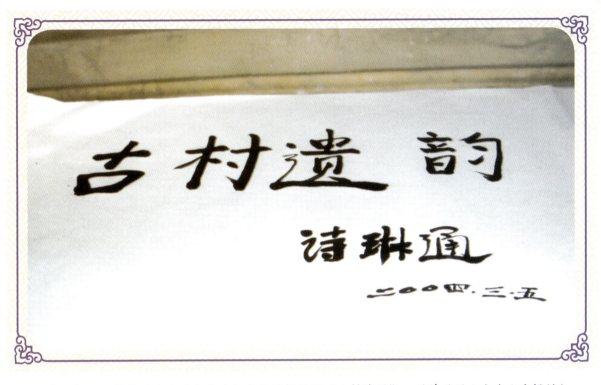

2004年3月5日,诗琳通公主为湖南岳阳张谷英村题词"古村遗韵"。(诗琳通公主办公室提供)

2004年3月,诗琳通公主在湖南参观访问。(图片来源:互联网)

先忧后乐

诗琳通

二〇〇四·三·五

2004年3月5日，诗琳通公主在湖南岳阳参观岳阳楼并题词留念。（诗琳通公主办公室提供）

2004年3月5日，诗琳通公主为岳阳楼题词"先忧后乐"。（诗琳通公主办公室提供）

一代伟人

诗琳通

2000.1

2004年3月6日,诗琳通公主参观湖南韶山毛泽东故居并题词留念。(诗琳通公主办公室提供)

2004年3月6日,诗琳通公主为湖南韶山毛泽东故居题词"一代伟人"。(诗琳通公主办公室提供)

毛泽东故居(图片来源:互联网)

古楼神韵

待琳通

二〇〇六·四·十二

2006年4月12日，诗琳通公主参观广东潮州饶平县道韵楼并题词留念。（诗琳通公主办公室提供）

2006年4月12日，诗琳通公主为广东潮州饶平县道韵楼题词"古楼神韵"。（诗琳通公主办公室提供）

天下奇观

诗耕通
二〇一九.七.二十

2009年7月22日，诗琳通公主参观浙江海宁市盐官镇并题词留念。（诗琳通公主办公室提供）

2009年7月22日，诗琳通公主为浙江海宁市盐官镇题词"天下奇观"。（诗琳通公主办公室提供）

长虹卧波

2009年7月22日,诗琳通公主参观浙江杭州湾跨海大桥并题词留念。(诗琳通公主办公室提供)

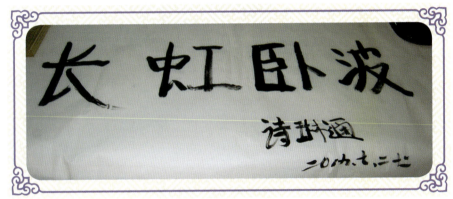

2009年7月22日,诗琳通公主为浙江杭州湾跨海大桥题词"长虹卧波"。(诗琳通公主办公室提供)

2009年7月22日,诗琳通公主为浙江杭州湾跨海大桥题词"长虹卧波"。(诗琳通公主办公室提供)

心存天下
诗传千古

诗琳通
2010.四.九

2010年4月9日,诗琳通公主参观四川成都杜甫草堂并题词留念。(诗琳通公主办公室提供)

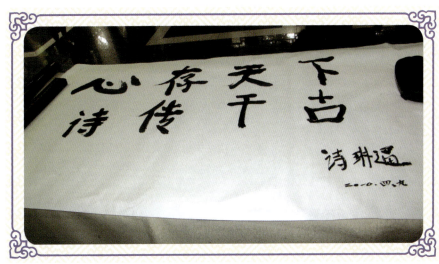

2010年4月9日,诗琳通公主为四川成都杜甫草堂题词"心存天下 诗传千古"。(诗琳通公主办公室提供)

佛光普照

诗琳通

2000.7.二十二

2010年7月23日，诗琳通公主参观上海静安寺并题词留念。（诗琳通公主办公室提供）

2010年7月23日，诗琳通公主为上海静安寺题词"佛光普照"。（诗琳通公主办公室提供）

巧夺天工

蒋珊通

二〇一一.四.五

2011年4月5日，诗琳通公主参观江苏徐州龟山汉墓并题词留念。（诗琳通公主办公室提供）

2011年4月5日，诗琳通公主为江苏徐州龟山汉墓题词"巧夺天工"。（诗琳通公主办公室提供）

文明瑰宝

诗耕园　二〇一一.四.五

2011年4月5日,诗琳通公主参观江苏徐州汉文化景区并题词留念。(诗琳通公主办公室提供)

2011年4月5日,诗琳通公主为江苏徐州汉文化景区题词"文明瑰宝"。(徐州汉文化景区提供)

万里长城雄
中泰友谊长

诗琳通
二〇一一．四．七

2011年4月7日,诗琳通公主参观河北山海关长城并题词留念。(诗琳通公主办公室提供)

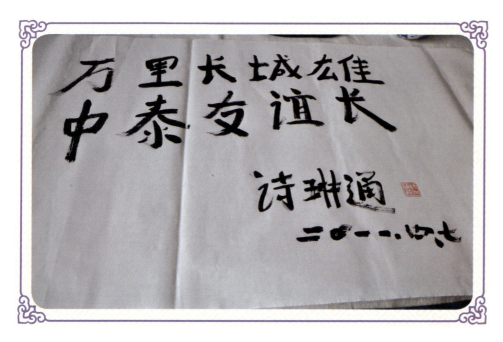

2011年4月7日,诗琳通公主为河北山海关长城题词"万里长城雄 中泰友谊长"。(诗琳通公主办公室提供)

千古流芳

诗琳通
二〇一一·四九

2011年4月9日，诗琳通公主参观四川江油李白故居并题词留念。（诗琳通公主办公室提供）

2011年4月9日，诗琳通公主为四川江油李白故居题词"千古流芳"。（诗琳通公主办公室提供）

巧夺天工

诗琳通

二〇一四.四.八

2014年4月8日，诗琳通公主参观山西大同悬空寺并题词留念。（诗琳通公主办公室提供）

2014年4月8日，诗琳通公主为山西大同悬空寺题词"巧夺天工"。（诗琳通公主办公室提供）

艺术宝库

2014年4月8日,诗琳通公主为山西大同云冈石窟题词"艺术宝库"。(云冈石窟研究院提供)

机关企业

杯光照酒泉

诗琳通
一九九〇·四·十五

1990年4月15日，诗琳通公主参观访问甘肃酒泉夜光杯厂并题词留念。（诗琳通公主办公室提供）

1990年4月15日，诗琳通公主为甘肃酒泉夜光杯厂题词"杯光照酒泉"。（诗琳通公主办公室提供）

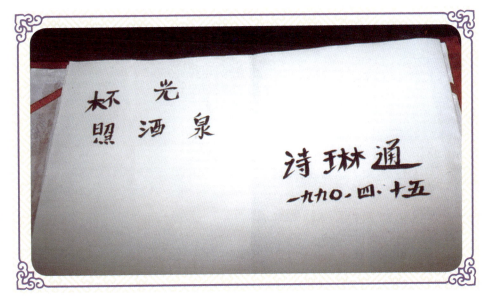

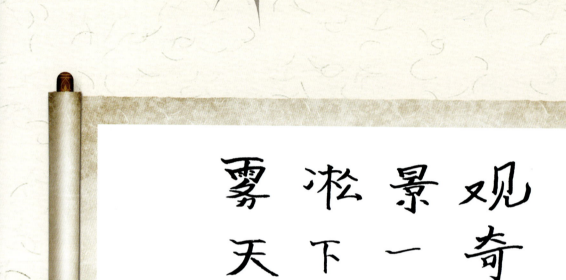

雾凇景观
天下一奇

诗琳通
一九九四年一月十二日

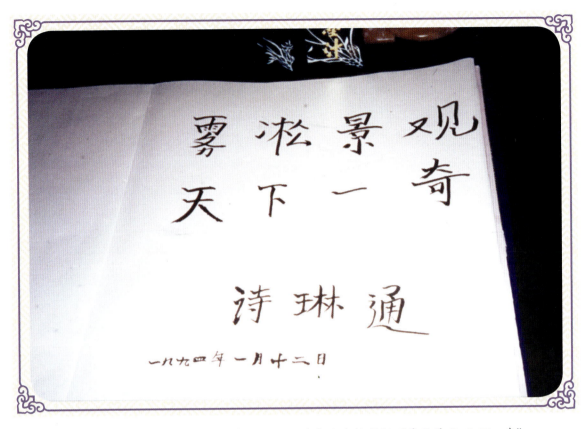

1994年1月12日，诗琳通公主为吉林省人民政府迎宾馆题词"雾凇景观 天下一奇"。
（诗琳通公主办公室提供）

1994年1月，诗琳通公主在吉林参观访问。
（诗琳通公主办公室提供）

中泰一家親

诗琳通

汕头·一九九七·六·廿六

1997年6月26日,诗琳通公主在广东省汕头市澄海区题词"中泰一家亲"。(诗琳通公主办公室提供)

2006年4月,诗琳通公主在广东省汕头市参观访问。(图片来源:互联网)

农业是根本

诗琳通

二〇〇〇·十·十八

2000年10月18日，诗琳通公主在北京访问中国国家作物种质库并题词留念。（诗琳通公主办公室提供）

2000年10月18日，诗琳通公主访问中国国家作物种质库。（诗琳通公主办公室提供）

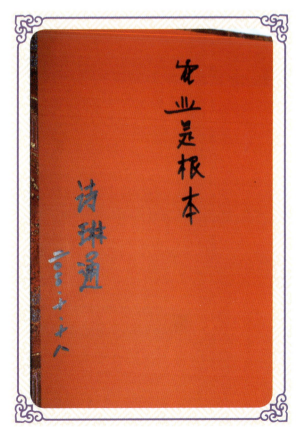

2000年10月18日，诗琳通公主为中国国家作物种质库题词"农业是根本"。（诗琳通公主办公室提供）

美味佳肴

诗琳通

2002年10月22日,诗琳通公主为海南省南山文化旅游区斋菜馆题词留念。(诗琳通公主办公室提供)

2002年10月22日,诗琳通公主为海南省南山文化旅游区斋菜馆题词"美味佳肴"。(诗琳通公主办公室提供)

稀土之光

诗卅通

二〇二八、十八

2003年8月18日，诗琳通公主参观内蒙古包头钢铁（集团）有限责任公司稀土展览厅并题词留念。（诗琳通公主办公室提供）

2003年8月18日，诗琳通公主为内蒙古包头钢铁（集团）有限责任公司稀土展览厅题词"稀土之光"。（诗琳通公主办公室提供）

千年瓷都

诗珊通

二〇三八、三二

2003年8月21日，诗琳通公主访问景德镇陶瓷股份有限公司并题词留念。（诗琳通公主办公室提供）

2003年8月21日，诗琳通公主为景德镇陶瓷股份有限公司题词"千年瓷都"。（诗琳通公主办公室提供）

香满人间

诗琳通

二〇二三十十

2003年10月10日,诗琳通公主访问广州百花香料股份有限公司并题词留念。(诗琳通公主办公室提供)

2003年10月10日,诗琳通公主为广州百花香料股份有限公司题词"香满人间"。(广州百花香料股份有限公司提供)

2003年10月10日,诗琳通公主参观访问广州百花香料股份有限公司时闻香调香。(广州百花香料股份有限公司提供)

利在千秋

诗琳通

2004年2月28日,诗琳通公主在湖北宜昌参观访问三峡工程指挥中心并题词留念。(诗琳通公主办公室提供)

2004年2月28日,诗琳通公主为三峡工程指挥中心题词"利在千秋"。(诗琳通公主办公室提供)

驰名中外

2004年3月9日,诗琳通公主访问贵州茅台酒厂(集团)有限责任公司并题词留念。(诗琳通公主办公室提供)

2004年3月9日,诗琳通公主为贵州茅台酒厂(集团)有限责任公司题词"驰名中外"。(诗琳通公主办公室提供)

苗家风情

诗琳通

2001.3.11

2004年3月11日，诗琳通公主参观贵州雷山县郎德上寨并题词留念。
（诗琳通公主办公室提供）

2004年3月11日，诗琳通公主为贵州雷山县郎德上寨题词"苗家风情"。
（诗琳通公主办公室提供）

巴州美

2005年4月7日,诗琳通公主为新疆巴音郭楞蒙古自治州题词"巴州美"。(诗琳通公主办公室提供)

2005年4月7日,诗琳通公主访问新疆巴音郭楞蒙古自治州。(图片来源:天山网)

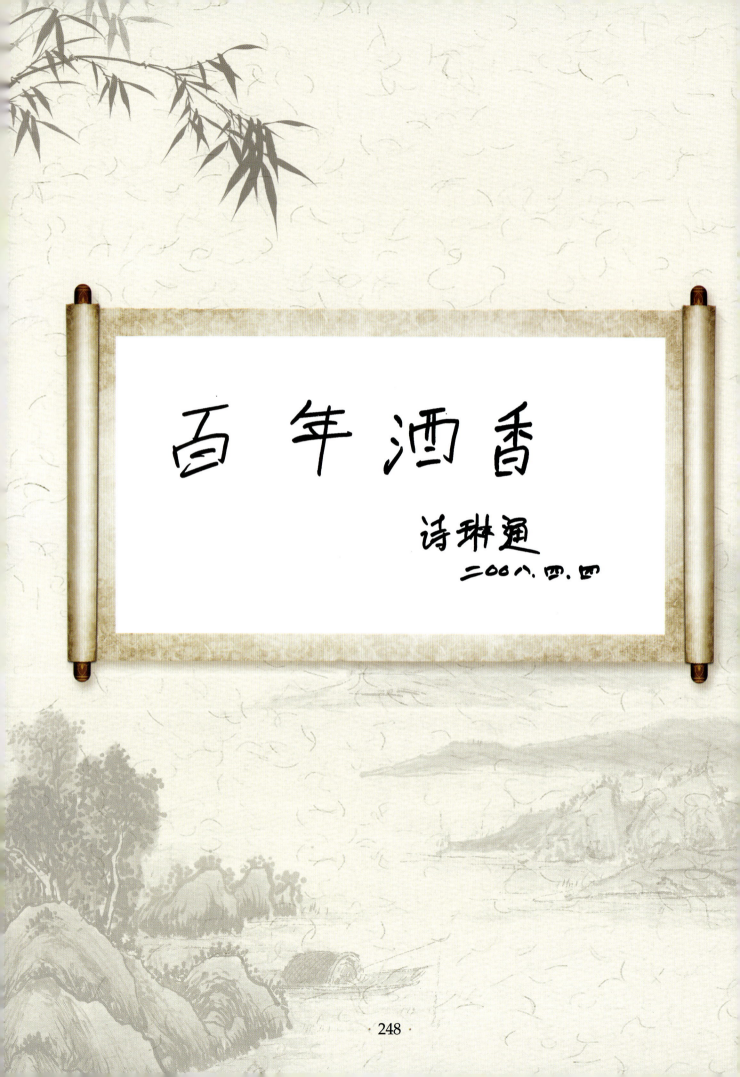

2008年4月4日,诗琳通公主参观青岛啤酒博物馆并题词留念。(诗琳通公主办公室提供)

2008年4月4日,诗琳通公主为青岛啤酒博物馆题词"百年酒香"。(青岛啤酒博物馆提供)

2008年4月4日,诗琳通公主参观青岛啤酒博物馆时品尝青岛啤酒。(青岛啤酒博物馆提供)

2008年8月7日，诗琳通公主在北京访问中国红十字会并题词留念。（诗琳通公主办公室提供）

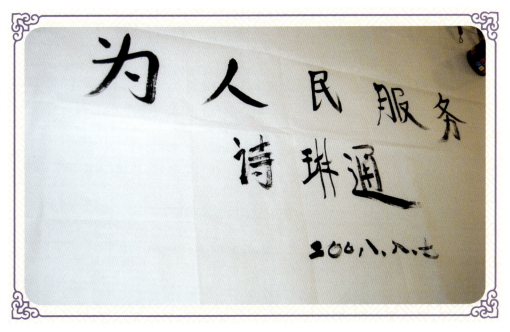

2008年8月7日，诗琳通公主为中国红十字会题词"为人民服务"。（诗琳通公主办公室提供）

2009年4月3日,诗琳通公主在四川成都访问迈普通信技术股份有限公司并题词留念。(诗琳通公主办公室提供)

2009年4月3日,诗琳通公主为迈普通信技术股份有限公司题词"迈普科技永创一流"。(诗琳通公主办公室提供)

名扬中外

2009年4月6日,诗琳通公主参观访问陕西汽车集团有限责任公司并题词留念。(诗琳通公主办公室提供)

2009年4月6日,诗琳通公主为陕西汽车集团有限责任公司题词"名扬中外"。(诗琳通公主办公室提供)

为国为民

诗琳通

2019.7.29

2009年7月22日，诗琳通公主为上海小南国正大广场店题词留念。（诗琳通公主办公室提供）

2009年7月22日，诗琳通公主为上海小南国正大广场店题词"为国为民"。（诗琳通公主办公室提供）

2009年7月23日，诗琳通公主访问上海世博会事务协调局并题词留念。（诗琳通公主办公室提供）

2009年7月23日，诗琳通公主为上海世博会题词"文明城市 世界之窗"。（诗琳通公主办公室提供）

2009年7月24日，诗琳通公主在上海参观联想计算机生产厂并题词留念。（诗琳通公主办公室提供）

2009年7月24日，诗琳通公主为上海联想计算机生产厂题词"行业先锋"。（诗琳通公主办公室提供）

友谊之声

诗琳通
二〇〇九.十二.八

2009年12月8日,诗琳通公主在北京访问中国国际广播电台并题词留念。(诗琳通公主办公室提供)

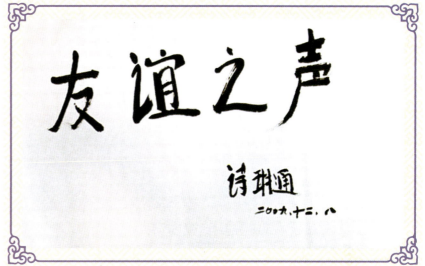

2009年12月8日,诗琳通公主为中国国际广播电台题词"友谊之声"。(诗琳通公主办公室提供)

2009年12月8日,诗琳通公主访问中国国际广播电台时与中国国际广播电台台长王庚年共同展示题词"友谊之声"。(诗琳通公主办公室提供)

传承文明
增进友谊

诗琳通

二〇一〇.四.五

2010年4月5日，诗琳通公主访问孔子学院总部/国家汉办时题词留念。（诗琳通公主办公室提供）

2010年4月5日，诗琳通公主与孔子学院总部总干事、国家汉办主任许琳女士共同展示题词"传承文明 增进友谊"。（诗琳通公主办公室提供）

2010年4月5日，诗琳通公主访问孔子学院总部/国家汉办。（朱拉隆功大学孔子学院提供）

2010年4月5日,诗琳通公主出席中国国际广播电台印尼语、缅甸语、泰语、越南语广播开播60周年庆典并题词留念。(诗琳通公主办公室提供)

2014年4月5日,诗琳通公主为中国国际广播电台题词"网通四海"。(中国国际广播电台提供)

正统大雅

2010年7月20日,诗琳通公主参观上海世博会正大美食馆并题词留念。(诗琳通公主办公室提供)

2010年7月20日,诗琳通公主为上海世博会正大美食馆题词"正统大雅"。(诗琳通公主办公室提供)

唐风古韵

2010年7月21日,诗琳通公主参观上海世博会西安大明宫馆并题词留念。(诗琳通公主办公室提供)

2010年7月21日,诗琳通公主为上海世博会西安大明宫馆题词"唐风古韵"。(诗琳通公主办公室提供)

中流砥柱

诗琳通

2010年7月21日,诗琳通公主参观上海世博会石油馆并题词留念。(诗琳通公主办公室提供)

2010年7月21日,诗琳通公主为上海世博会石油馆题词"中流砥柱"。(诗琳通公主办公室提供)

环保先锋

许班通
2017.7.24

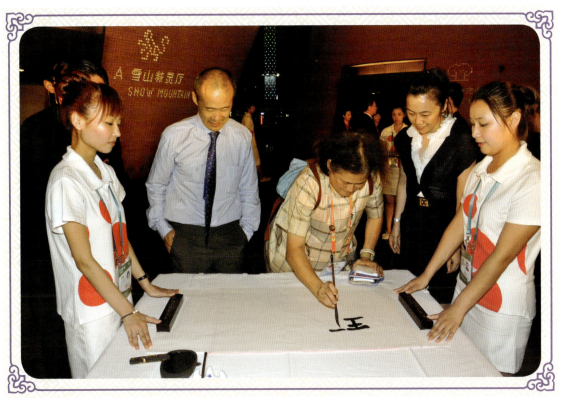

2010年7月21日,诗琳通公主参观上海世博会万科馆并题词留念。(诗琳通公主办公室提供)

2010年7月21日,诗琳通公主为上海世博会万科馆题词"环保先锋"。(诗琳通公主办公室提供)

仁心妙术

诗井通

二0一八.七.二十二

2010年7月22日，诗琳通公主访问上海世博会组织委员会并题词留念。（诗琳通公主办公室提供）

2010年7月22日，诗琳通公主为上海世博会组织委员会题词"仁心妙术"。（诗琳通公主办公室提供）

2012年4月6日，诗琳通公主在北京会见泰国驻华银行代表时为泰国驻华银行题词留念。（诗琳通公主办公室提供）

2012年4月6日，诗琳通公主在北京为泰国驻华银行题词"富国利民"。（诗琳通公主办公室提供）

万众一心

诗琳通

二〇〇三·十·三十一

2013年10月31日，诗琳通公主为广州南园酒家题词留念。（诗琳通公主办公室提供）

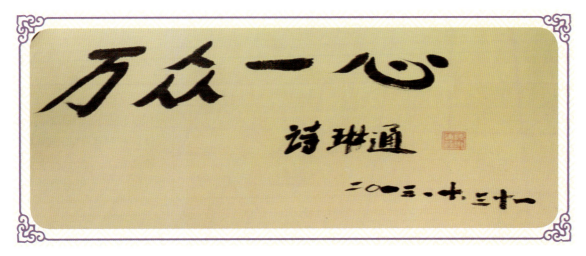

2013年10月31日，诗琳通公主为广州南园酒家题词"万众一心"。（诗琳通公主办公室提供）

2014年4月5日,诗琳通公主为泰国驻广州总领事馆题词留念。(诗琳通公主办公室提供)

2014年4月5日,诗琳通公主为泰国驻广州总领事馆题词"纵横泰和"。(诗琳通公主办公室提供)

题名

1994年1月8日，诗琳通公主访问辽宁省中医药研究院并作画留念。（诗琳通公主办公室提供）

1994年1月8日，诗琳通公主为辽宁省中医药研究院画象，并题名"诗琳通"。（诗琳通公主办公室提供）

1994年1月10日，诗琳通公主访问长春大学特殊教育学院并作画留念。（诗琳通公主办公室提供）

1994年1月10日，诗琳通公主为长春大学特殊教育学院画竹并题名"诗琳通"。（诗琳通公主办公室提供）

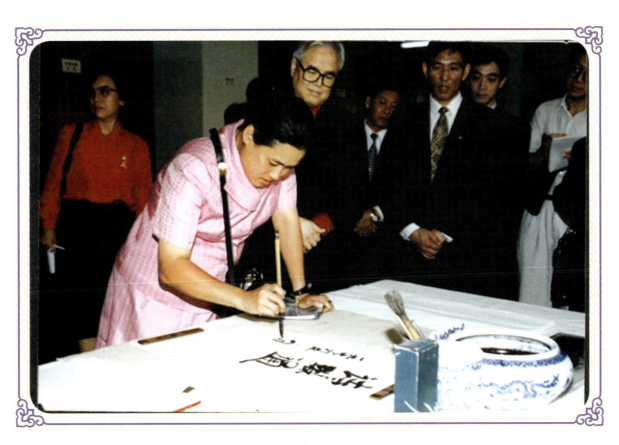

1996年8月，诗琳通公主参观访问北京语言大学，并题名"诗琳通"。（图片来源：互联网）

1999年4月5日，诗琳通公主参观访问北京大学泰国研究所并题名留念。（北京大学泰国研究所提供）

1999年4月5日，诗琳通公主在北京大学外国语学院为泰国研究所题名"北京大学泰国研究所"。（北京大学泰国研究所提供）

1999年4月5日，诗琳通公主参观访问北京大学外国语学院泰国语言文化专业。（北京大学泰国研究所提供）

一九九九年四月八日

诗琳通

金山寺

1999年4月8日，诗琳通公主在江苏镇江参观访问金山寺，并题名"金山寺"。（诗琳通公主办公室提供）

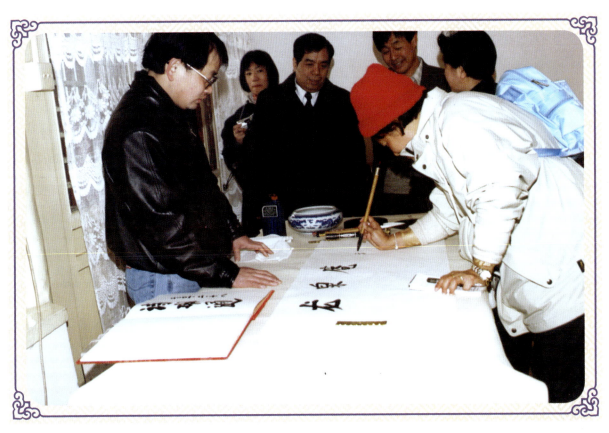

2001年2月18日，诗琳通公主在北京参观访问龙泉庵，并题名"龙泉庵"。（诗琳通公主办公室提供）

2001年2月18日，诗琳通公主在北京参观访问龙泉庵，并题名"诗琳通"。（诗琳通公主办公室提供）

诗琳通

二〇〇三．十

2002年10月15日，诗琳通公主参观访问北京大学校史馆并题名留念。（北京大学校史馆提供）

2002年10月15日，诗琳通公主为北京大学校史馆题名"诗琳通"。（北京大学校史馆提供）

2002年10月15日，诗琳通公主参观访问北京大学校史馆。（北京大学校史馆提供）

2003年8月21日，诗琳通公主参观访问江西景德镇陶瓷股份有限公司并作画留念。（诗琳通公主办公室提供）

2003年8月21日，诗琳通公主为江西景德镇陶瓷股份有限公司作画题名。（诗琳通公主办公室提供）

2003年8月21日，诗琳通公主为江西景德镇陶瓷股份有限公司作画题名。（诗琳通公主办公室提供）

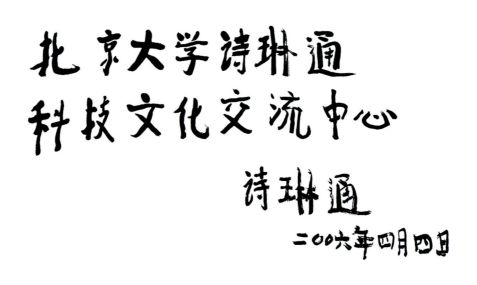

北京大学诗琳通
科技文化交流中心

诗琳通

二〇〇六年四月四日

2006年4月4日，诗琳通公主在北京大学诗琳通科技文化交流中心题名留念。（诗琳通公主办公室提供）

2006年4月4日，诗琳通公主为北京大学诗琳通科技文化交流中心题名"北京大学诗琳通科技文化交流中心"。（诗琳通公主办公室提供）

2007年4月3日，诗琳通公主在北京外国语大学亚非学院题名留念。（诗琳通公主办公室提供）

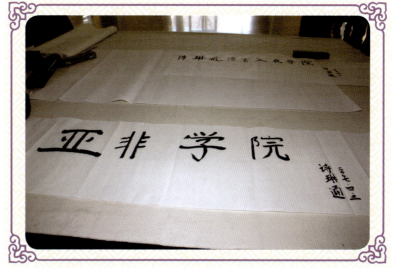

2007年4月3日，诗琳通公主为北京外国语大学亚非学院题名"亚非学院"。（诗琳通公主办公室提供）

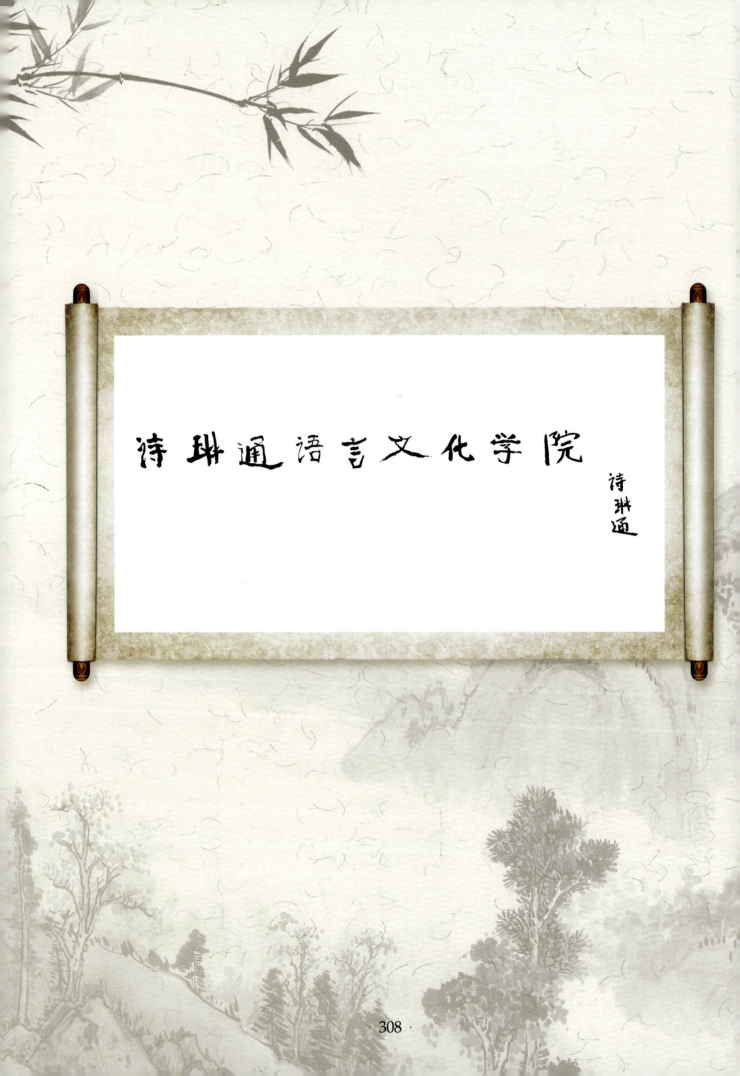

2007年4月3日，诗琳通公主在北京外国语大学诗琳通语言文化学院题名留念。（诗琳通公主办公室提供）

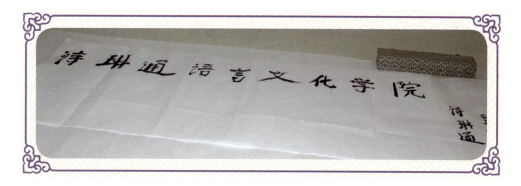

2007年4月3日，诗琳通公主为北京外国语大学诗琳通语言文化学院题名"诗琳通语言文化学院"。（诗琳通公主办公室提供）

诗琳通

2011年4月9日，诗琳通公主参观访问四川绵阳先锋路诗琳通公主小学并题名留念。（四川绵阳先锋路诗琳通公主小学提供）

2011年4月9日，诗琳通公主在四川绵阳先锋路诗琳通公主小学题名"诗琳通"。（四川绵阳先锋路诗琳通公主小学提供）

2011年4月9日，诗琳通公主参观访问四川绵阳先锋路诗琳通公主小学。（四川绵阳先锋路诗琳通公主小学提供）

诗琳通

二〇一五.四.十一

2013年4月11日，诗琳通公主参观访问中国极地研究中心并题名留念。（图片来源：互联网）

2013年4月11日，诗琳通公主在中国极地研究中心题名"诗琳通"。（图片来源：互联网）

2013年4月11日，诗琳通公主参观访问中国极地研究中心。（图片来源：互联网）

诗琳通

二〇一四.四.七

2014年4月7日，诗琳通公主参观访问山东省博物馆并题名留念。（山东省博物馆提供）

2014年4月7日，诗琳通公主在山东省博物馆题名"诗琳通"。（山东省博物馆提供）

2014年4月7日，诗琳通公主参观访问山东省博物馆。（山东省博物馆提供）

诗琳通

2015年4月4日,诗琳通公主在北京大学题名"诗琳通"。(北京大学提供)

在泰题词

中泰手足情
绵延千秋好

一九九九·九·廿七中国大使馆作客有感

许琳迪

1999年9月27日，诗琳通公主访问中国驻泰王国大使馆并题词留念。（中国驻泰王国大使馆提供）

1999年9月27日，诗琳通公主访问中国驻泰王国大使馆，并题词"中泰手足情 绵延千秋好"。（中国驻泰王国大使馆提供）

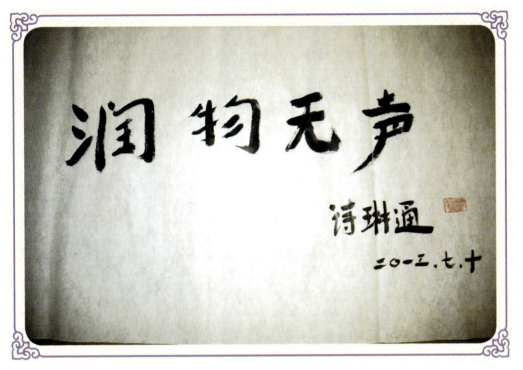

2013年7月16日,诗琳通公主在曼谷参观访问中国文化中心,并题词"润物无声"。(中国文化中心提供)

2013年7月16日,诗琳通公主访问中国文化中心,参观广西民俗展。(中国文化中心提供)

2003年1月27日，诗琳通公主访问皇太后大学并题名留念。（皇太后大学孔子学院提供）

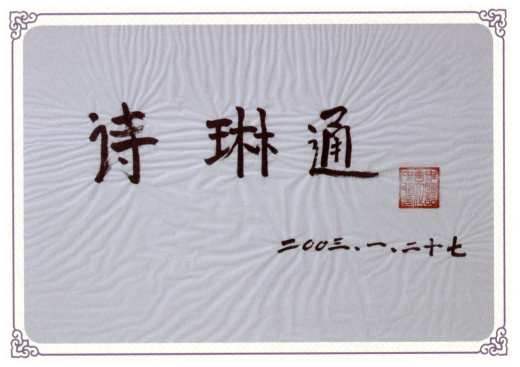

2003年1月27日，诗琳通公主访问皇太后大学并题名"诗琳通"。（皇太后大学孔子学院提供）

2007年2月13日，诗琳通公主访问皇太后大学孔子学院，并题词"和谐"。（皇太后大学孔子学院提供）

2007年2月13日，诗琳通公主访问皇太后大学孔子学院。（皇太后大学孔子学院提供）

任重道远

诗琳通

二〇〇七三、二十六

2007年3月26日，诗琳通公主访问朱拉隆功大学孔子学院并题词留念。（朱拉隆功大学孔子学院提供）

2007年3月26日，诗琳通公主为朱拉隆功大学孔子学院题词"任重道远"。（朱拉隆功大学孔子学院提供）

2007年3月26日，诗琳通公主为朱拉隆功大学孔子学院揭牌。（朱拉隆功大学孔子学院提供）

中泰同庆

诗琳通

2009年10月22日，诗琳通公主在朱拉隆功大学孔子学院为新中国成立六十周年题词留念。（朱拉隆功大学孔子学院提供）

2009年10月22日，诗琳通公主在朱拉隆功大学孔子学院主办的"新中国60年：改革与发展"学术研讨会上发表演讲。（朱拉隆功大学孔子学院提供）

促进汉语学习，

增进泰中友谊！

　　　诗琳通

　　　二0一0年七月三十日

2010年7月30日，诗琳通公主为《孔子学院》（中泰文对照版）创刊号题词"促进汉语学习，增进泰中友谊！"（朱拉隆功大学孔子学院提供）

2011年1月4日，朱拉隆功大学孔子学院中方院长傅增有教授向诗琳通公主赠送《孔子学院》（中泰文对照版）创刊号。（朱拉隆功大学孔子学院提供）

2011年8月17日，诗琳通公主出席朱拉隆功大学孔子学院中国文化体验中心成立揭牌仪式并题词留念。（朱拉隆功大学孔子学院提供）

2011年8月17日，诗琳通公主为朱拉隆功大学孔子学院中国文化体验中心题词"中国文化源远流长"。（朱拉隆功大学孔子学院提供）

中国文化源远流长

诗琳通
二〇一一·八十七

2011年8月17日，诗琳通公主参观访问朱拉隆功大学孔子学院中国文化体验中心。（朱拉隆功大学孔子学院提供）

2015年1月7日，诗琳通公主为朱拉隆功大学孔子学院诗琳通中文图书馆题名留念。（朱拉隆功大学孔子学院提供）

2015年1月7日，诗琳通公主为朱拉隆功大学孔子学院诗琳通中文图书馆题名"诗琳通中文图书馆"。（朱拉隆功大学孔子学院提供）

2015年1月7日，诗琳通公主为朱拉隆功大学孔子学院诗琳通中文图书馆揭牌。（朱拉隆功大学孔子学院提供）

学无止境

冯珊通

二〇〇九·六·十二

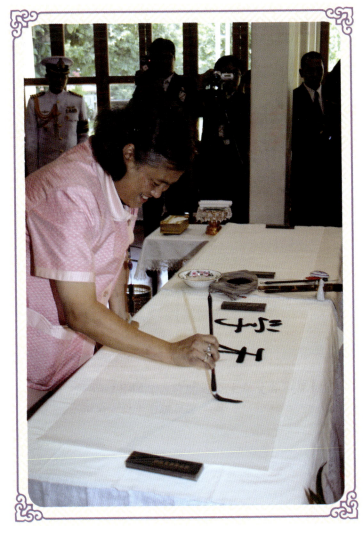

2009年6月12日，诗琳通公主访问吉拉达学校孔子课堂并题词留念。（吉拉达学校孔子课堂提供）

2009年6月12日，诗琳通公主为吉拉达学校孔子课堂题词"学无止境"。（吉拉达学校孔子课堂提供）

2009年6月12日，诗琳通公主参观访问吉拉达学校孔子课堂。（吉拉达学校孔子课堂提供）

清井通

2011年2月3日，诗琳通公主访问岱密中学孔子课堂并题名留念。（岱密中学孔子课堂提供）

2011年2月3日，诗琳通公主为岱密中学孔子课堂题名"诗琳通"。（岱密中学孔子课堂提供）

2011年2月3日，诗琳通公主访问岱密中学孔子课堂。（岱密中学孔子课堂提供）

2007年9月22日，诗琳通公主为泰国留学中国大学校友总会题词"泰中桥梁"。（泰国留学中国大学校友总会提供）

2002年9月11日，诗琳通公主会见泰国留学中国大学校友总会代表。（泰国留学中国大学校友总会提供）

诗琳通公主殿下2002年9月11日16:30在皇宫单独赐见泰国留学中国大学校友总会代表

2007年9月22日，诗琳通公主会见泰国留学中国大学校友总会代表。（泰国留学中国大学校友总会提供）

诗书传友情

诗琳通

二〇〇九·一·十一

2009年1月11日,诗琳通公主访问曼谷南美书店并题词留念。(曼谷南美书店提供)

2009年1月11日,诗琳通公主为曼谷南美书店题词"诗书传友情"。(曼谷南美书店提供)

日进有功

2010年6月19日，诗琳通公主在曼谷市暹罗广场为亚洲汉语学院题词"日进有功"。
（图片来源：互联网）

国界中世播道传报

诗琳通 二〇二〇八·二十三

2011年8月23日，诗琳通公主为新华社曼谷分社题词留念。（图片来源：互联网）

2011年8月23日，诗琳通公主为新华社曼谷分社题词"传播中国 报道世界"。（新华社曼谷分社提供）

附录

诗琳通公主访华时间表 (1981-2015)

访问次序	访问日期	访问城市
【1】	1981.5.12-5.20	北京市
		陕西省西安市
		四川省成都市
		四川省都江堰市
		云南省昆明市
		中国香港
【2】	1990.4.7-4.21	北京市
		陕西省西安市
		甘肃省兰州市
		甘肃省嘉峪关市
		甘肃省酒泉市
		甘肃省敦煌市
		新疆维吾尔自治区吐鲁番市
		新疆维吾尔自治区乌鲁木齐市
		新疆维吾尔自治区喀什市
		中国香港
【3】	1991.3.22-3.25	北京市
【4】	1992.3.3-3.10	北京市
【5】	1992.10.3-10.6	北京市
		天津市
【6】	1994.1.4-1.18	北京市
		辽宁省沈阳市
		吉林省吉林市
		吉林省长春市
		黑龙江省哈尔滨市

续 表

访问次序	访问日期	访问城市
		黑龙江省黑河市
【7】	1995.2.27—3.6	云南省昆明市
		云南省大理市
		云南省西双版纳傣族自治州景洪市
【8】	1996.8.14—8.27	云南省昆明市
		重庆市
		湖北省宜昌市
		湖北省武汉市
		北京市
		安徽省黄山市
		上海市
【9】	1997.6.25—7.4	广东省汕头市
		广东省澄海市
		广东省潮州市
		广东省广州市
		广东省佛山市
		广东省深圳市
		中国香港
		中国澳门
		广东省中山市
		广东省珠海市
【10】	1998.4.2—4.14	浙江省杭州市
		江苏省南京市
【11】	1999.4.2—4.14	北京市
		江苏省南京市

续　表

访问次序	访问日期	访问城市
		江苏省扬州市
		江苏省镇江市
		江苏省苏州市
		浙江省杭州市
		浙江省绍兴市
		云南省昆明市
【12】	1999.12.17–12.21	香港特别行政区
		澳门特别行政区
【13】	2000.3.7–3.20	北京市
		陕西省西安市
		陕西省延安市
		山东省济南市
		山东省泰安市
		山东省曲阜市
		河南省郑州市
		河南省安阳市
		河南省洛阳市
		河南省开封市
		山西省太原市
		山西省晋中市
		山西省大同市
【14】	2000.10.16–10.31	北京市
		陕西省西安市
		上海市
		江苏省苏州市

续　表

访问次序	访问日期	访问城市
		河南省郑州市
		河南省洛阳市
		河南省开封市
		广西壮族自治区桂林市
【15】	2001.2.14－3.15	北京市
		河北省承德市
【16】	2001.8.13－8.27	云南省昆明市
		重庆市
		宁夏回族自治区银川市
		宁夏回族自治区中卫市
		宁夏回族自治区青铜峡市
		青海省西宁市
		西藏自治区拉萨市
		西藏自治区日喀则市
		西藏自治区山南地区乃东县
		北京市
		河北省承德市
【17】	2002.10.14－10.23	北京市
		福建省福州市
		福建省南平市
		福建省厦门市
		海南省海口市
		海南省三亚市
		广东省广州市
【18】	2003.8.14－8.26	北京市

续 表

访问次序	访问日期	访问城市
		内蒙古自治区锡林浩特市
		内蒙古自治区包头市
		内蒙古自治区呼和浩特市
		江西省景德镇市
		江西省九江市
		江西省南昌市
		江西省吉安市
【19】	2003.10.5-10.10	广东省广州市
		广东省深圳市
【20】	2004.2.25-3.12	北京市
		湖北省宜昌市
		湖南省长沙市
		湖南省张家界市
		湖南省吉首市
		湖南省岳阳市
		湖南省韶山市
		贵州省赤水市
		贵州省凯里市
		贵州省贵阳市
		贵州省安顺市
		贵州省遵义市
		云南省昆明市
【21】	2004.8.22-8.23	北京市
【22】	2005.4.3-4.13	北京市
		新疆维吾尔自治区乌鲁木齐市

续　表

访问次序	访问日期	访问城市
		新疆维吾尔自治区巴音郭楞蒙古自治州库尔勒市
		新疆维吾尔自治区和田市
		新疆维吾尔自治区库车县
		甘肃省敦煌市
		甘肃省兰州市
		甘肃省定西市
		四川省成都市
【23】	2005.7.20–7.22	北京市
		湖北省武汉市
【24】	2005.11.28–11.30	北京市
【25】	2006.4.3–4.13	北京市
		浙江省杭州市
		广西壮族自治区南宁市
		广西壮族自治区百色市
		广东省广州市
		广东省佛山市
		广东省汕头市
		广东省潮州市
		福建省厦门市
【24】	2007.4.2–4.13	北京市
		青海省西宁市
		青海省格尔木齐市
		西藏自治区拉萨市
		湖北省武汉市

续 表

访问次序	访问日期	访问城市
		浙江省宁波市
		浙江省舟山市
		上海市
【27】	2008.4.2-4.9	北京市
		山东省青岛市
		辽宁省大连市
		黑龙江省哈尔滨市
		吉林省白山市
		吉林省长春市
【28】	2008.8.7	北京市
【29】	2009.4.3-4.10	四川省成都市
		四川省绵阳市
		陕西省西安市
		福建省厦门市
		北京市
【30】	2009.7.21-7.24	上海市
		浙江省海宁市
		浙江省宁波市
【31】	2009.11.23	香港特别行政区
【32】	2009.12.8	北京市
【33】	2010.4.3-4.9	北京市
		云南省昆明市
		云南省迪庆藏族自治州
		云南省丽江市
		四川省成都市

续　表

访问次序	访问日期	访问城市
		四川省绵阳市
【34】	2010.7.19－7.23	上海市
【35】	2011.4.4－4.12	江苏省徐州市
		北京市
		河北省秦皇岛市
		四川省成都市
		四川省绵阳市
		四川省江油市
		重庆市
		陕西省西安市
		陕西省延安市
【36】	2012.4.2－4.6	北京市
【37】	2012.4.16－4.18	香港特别行政区
【38】	2013.4.6－4.11	北京市
		天津市
		湖北省武汉市
		上海市
【39】	2013.10.31	广东省广州市
【40】	2014.4.5－4.11	广东省广州市
		上海市
		山东省济南市
		山东省烟台市
		山西省大同市
		北京市
【41】	2015.4.3－4.6	北京市

索 引

（按音序排列）

A

164　安徽黄山（黄山景色雄奇迷人）

B

246　巴音郭楞蒙古自治州（巴州美）
234　包头钢铁（集团）有限责任公司稀土展览厅（稀土之光）
126　北京城市规划博物馆（见证历史 展望未来）
316　北京大学（诗琳通）
042　北京大学（促进交流 共创辉煌）
070　北京大学对外汉语教育学院（春华秋实）
004　北京大学计算机研究所（挑战最前沿）
052　北京大学纳米化学研究中心（精益求精）
304　北京大学诗琳通科技文化交流中心（北京大学诗琳通科技文化交流中心）
292　北京大学泰国研究所（北京大学泰国研究所）
044　北京大学校史馆（百年名校 济世育才）
300　北京大学校史馆（诗琳通）
182　北京广济寺（明心念佛）
014　北京航天指挥控制中心（天人合一）
296　北京龙泉庵（龙泉庵）
298　北京龙泉庵（诗琳通）
308　北京外国语大学诗琳通语言文化学院（诗琳通语言文化学院）
306　北京外国语大学亚非学院（亚非学院）
006　北京外交人员语言文化中心（友谊之桥）
020　北京小汤山现代农业科学示范园（东方魅力）
290　北京语言大学（诗琳通）

C

288　长春大学特殊教育学院（诗琳通）

206　成都杜甫草堂（心存天下 诗传千古）
122　成都金沙遗址博物馆（古蜀文明之萃）
120　成都麻将与茶文化博览馆（茶麻传友谊）
160　重庆大足县宝顶山（大足石刻美）
162　重庆大足县宝顶山（大足历史长）

D

180　大同悬空寺（空中显佛心）
218　大同悬空寺（巧夺天工）
178　大同云冈石窟（佛光永照）
220　大同云冈石窟（艺术宝库）
104　敦煌藏经洞陈列馆（艺术瑰宝）
158　敦煌莫高窟（敦煌艺术 名誉全球）

F

082　福建省博物馆（闽越之风）

G

156　甘肃嘉峪关长城（中泰友好）
224　甘肃酒泉夜光杯厂（杯光照酒泉）
200　广东潮州道韵楼（古楼神韵）
064　广东科学中心（科技之光）
144　广东省博物馆（文化岭南）
228　广东省汕头市澄海区（中泰一家亲）
028　广东外语外贸大学（博学）
062　广东外语外贸大学（友谊之桥）
110　广西百色起义纪念馆（功绩卓越）
026　广西民族大学（学无止境）
238　广州百花香料股份有限公司（香满人间）
280　广州南园酒家（万众一心）
244　贵州雷山县郎德上寨（苗家风情）

242　贵州茅台酒厂(集团)有限责任公司（驰名中外）
054　国家纳米科学中心（科技兴国）

H

038　哈尔滨工业大学机器人研究所（科教兴国）
116　哈尔滨中央书店（慎行）
232　海南省南山文化旅游区斋菜馆（美味佳肴）
008　海南师范大学（为人师表）
204　杭州湾跨海大桥（长虹卧波）
214　河北山海关长城（万里长城雄 中泰友谊长）
168　河南安阳羑里城（天地人理看易经）
076　河南省博物馆（文化宝库）
240　湖北宜昌三峡工程指挥中心（利在千秋）
016　湖南大学岳麓书院（千年学府）
198　湖南韶山毛泽东故居（一代伟人）
192　湖南湘西凤凰古城（天下凤凰）
100　湖南湘绣博物馆（巧夺天工）
196　湖南岳阳楼（先忧后乐）
194　湖南岳阳张谷英村（古村遗韵）
060　华东师范大学（为人师表）
146　黄埔军校旧址纪念馆（千古一校）
324　皇太后大学（诗琳通）
326　皇太后大学孔子学院（和谐）

J

338　吉拉达学校孔子课堂（学无止境）
226　吉林省人民政府迎宾馆（雾凇景观 天下一奇）
096　江西井冈山革命博物馆（成功之路）
236　江西景德镇陶瓷股份有限公司（千年瓷都）
302　江西景德镇陶瓷股份有限公司（诗琳通）
092　江西省博物馆（人杰地灵）

216　江油李白故居（千古流芳）

K

172　开封包公祠（公正严明）
264　孔子学院总部/国家汉办（传承文明 增进友谊）

L

286　辽宁省中医药研究院（诗琳通）

M

252　迈普通信技术股份有限公司（迈普科技 永创一流）
340　曼谷岱密中学孔子课堂（诗琳通）
344　曼谷南美书店（诗书传友情）
322　曼谷中国文化中心（润物无声）
046　绵阳市先锋路诗琳通公主小学（敦品励学）
310　绵阳市先锋路诗琳通公主小学（诗琳通）
068　绵阳市先锋路诗琳通公主小学（中泰友谊）

N

094　南昌八一起义纪念馆（必胜之军）
184　南昌绳金塔（古塔新容）
090　内蒙古博物馆（源远流长史）
088　内蒙古锡林郭勒盟蒙古族文物展览（文化瑰宝）
114　宁波天一阁博物馆（万卷书香）

Q

248　青岛啤酒博物馆（百年酒香）
112　青海乐都柳湾彩陶博物馆（千年古陶）
032　青海生物科技产业园（神奇独特）

078　青海省博物馆（丰富多彩）
084　琼海市红色娘子军纪念园（女中英雄）

S

166　山东孔府（孔子思想世代传）
074　山东省博物馆（齐鲁古老文化）
314　山东省博物馆（诗琳通）
176　山西平遥古城（古城雄姿）
174　山西祁县乔家大院（民宅之典）
124　陕西历史博物馆（华夏珍宝）
254　陕西汽车集团有限责任公司（名扬中外）
034　上海交通大学（广育人才）
208　上海静安寺（佛光普照）
128　上海科技馆（科技是人类进步的动力）
260　上海联想计算机生产厂（行业先锋）
272　上海世博会石油馆（中流砥柱）
258　上海世博会事务协调局（文明城市 世界之窗）
274　上海世博会万科馆（环保先锋）
270　上海世博会西安大明宫馆（唐风古韵）
268　上海世博会正大美食馆（正统大雅）
276　上海世博会组织委员会（仁心妙术）
148　上海市作家协会（书写我心）
130　上海书店（精神家园）
002　上海外国语大学（促进交流）
256　上海小南国正大广场店（为国为民）
048　上海应用物理研究所（共创辉煌）
010　深圳科技工业园（风景这边独好）
012　深圳虚拟大学园（引领未来）
106　四川三星堆博物馆（远古王国）

T

342 泰国留学中国大学校友总会（泰中桥梁）
282 泰国驻广州总领事馆（纵横泰和）
278 泰国驻华银行（富国利民）
140 天津规划展览馆（美好家园）
056 天津中德职业技术学院（职教之花）

W

118 王蒙（好朋友）
138 王蒙（故人相见）
142 武汉规划展示馆（品味江城）

X

040 西安交通大学（英才荟萃）
080 西藏自治区档案馆（珍贵史料）
050 西南大学（育才树人）
086 厦门鼓浪屿钢琴博物馆（音乐之屿）
348 新华社曼谷分社（传播中国 报道世界）
210 徐州龟山汉墓（巧夺天工）
132 徐州汉画像石艺术馆（汉世之源）
212 徐州汉文化景区（文明瑰宝）
134 徐州淮海战役烈士纪念塔（浩气长存）

Y

346 亚洲汉语学院（日进有功）
136 延安革命纪念馆（革命圣地）

Z

186 张家界黄石寨（美不胜收）
190 张家界天子山风景区（奇山异水）

188	张家界武陵源黄龙洞（梦幻世界）
022	浙江大学（一流学府）
024	浙江大学图书馆（共建泰中数字图书馆）
202	浙江海宁市盐官镇（天下奇观）
294	镇江金山寺（金山寺）
262	中国国际广播电台（友谊之声）
266	中国国际广播电台（网通四海）
030	中国国家图书馆（学无止境）
230	中国国家作物种质库（农业是根本）
170	中国翰园碑林（书法范本）
250	中国红十字会（为人民服务）
058	中国极地研究中心（极地之缘）
312	中国极地研究中心（诗琳通）
152	中国记者协会（记者之家）
066	中国科学院大学（再创佳绩）
018	中国科学院电子学研究所（科教兴国）
102	中国科学院新疆生态与地理研究所标本馆（文明绿洲）
036	中国社会科学院研究生院（三十而立）
108	中国丝绸博物馆（丝绸之府）
150	中国现代文学馆（笔墨春秋）
320	中国驻泰王国大使馆（中泰手足情　绵延千秋好）
098	中国紫檀博物馆（能工巧匠）
328	朱拉隆功大学孔子学院（任重道远）
330	朱拉隆功大学孔子学院（中泰同庆）
332	朱拉隆功大学孔子学院（促进汉语学习，增进泰中友谊！）
334	朱拉隆功大学孔子学院（中国文化源远流长）
336	朱拉隆功大学孔子学院（诗琳通中文图书馆）

编后语

编后语

泰王国公主诗琳通热爱中国文化，1980年开始学习汉语，35年来孜孜不倦。1981年开始，至今先后访华41次，足迹遍布中国的大江南北。诗琳通公主致力于发展中泰友好事业，为促进中泰两国的文化、教育和科技交流，为增进中泰两国人民的友好发挥了无可替代的作用，作出了巨大的贡献。为此，中国人民对外友好协会授予公主"中泰友好使者"称号、中国网民评选公主为中国人民最喜爱的"十大国际友人"。这些殊荣，诗琳通公主当之无愧。

朱拉隆功大学孔子学院是在诗琳通公主倡导下，由中国北京大学和泰国朱拉隆功大学合作建立的。2015年4月2日是诗琳通公主六十华诞，中泰两国都隆重庆祝。为此，朱拉隆功大学孔子学院编辑了《诗琳通公主访华题词荟萃》和《中国人民心中的诗琳通公主》两本文集，献给诗琳通公主六十华诞。

本项目获得许琳主任和孔子学院总部/国家汉办支持，列入朱拉隆功大学孔子学院2014年重大工作项目之一。得到北京大学和朱拉隆功大学校方的大力支持，主管孔子学院事务的北大副校长李岩松博士和朱大副校长甘拉雅女亲王也给予指导。庆祝诗琳通公主六十华诞项目得到以习近平主席为首的中国国家领导人的关心，中国人民政治协商会议全国委员会主席俞正声发来了贺词。本书谨以俞正声主席的贺词为序，以示郑重。

1981年至2015年诗琳通公主访问中国期间，公主在各地参观访问，应邀为有关单位书写中文题词，公主热情满足请求、有求必应，在中国大江南北留下大量的珍贵墨宝。在泰国公主中文题词也有很多。我们从中精选了169条题词，编辑成集。十分遗憾的是有27条残缺题词，暂没有收入到本书之中。本书根据题词内容分教育科研、文化、名胜古迹、机关企业、题名、在泰题词等专题加以编辑，每一条题词配有公主题词、题词书写和访问两三张照片。

毛笔书法是一门艺术，是中国文化的一部分。35年来，公主不仅坚持学习汉语，还学习毛笔书法，坚持用中文题词。《诗琳通公主访华题词荟萃》展示了公主精彩的中文书法艺术，同时也记录并见证了诗琳通公主对中国人民的真挚友好之情。本书还为泰国中文专业学生和汉语学习者提供了一部汉语学习和毛笔书法的优秀范本。

朱拉隆功大学孔子学院首任中方院长、朱大孔子学院高级顾问傅增有教授和朱拉隆功大学文学院院长、朱拉隆功大学孔子学院首任泰方院长马克仁（泰）博士担任本书主编，傅增有教授为朱大孔子学院庆祝诗琳通公主六十华诞项目负责人，负责组织编辑工作。

朱大孔子学院参加本书编辑工作的中泰老师有朱大孔子学院中方院长韩圣龙博士、泰方副院长蔡素平（泰）博士，汉语教师陈思、钟晓燕、傅晓莉、林银贞（泰）。朱大孔子学院公派教师陈思还参加了本书索引编写和后期审校工作。

《诗琳通公主访华题词荟萃》一书的编辑工作得到孔子学院总部/国家汉办关心，并给予出版经费的支持，在诗琳通公主学习过的北京大学的出版社出版。公主题词使我们有机会再次重温诗琳通公主殿下访华的精彩片段，跟随公主殿下足迹踏访龙的国土，并见证诗琳通公主30多年来对中国人民的友好之情，也是泰国朱拉隆功大学孔子学院和中国人民献给诗琳通公主殿下六十华诞的特别礼物，它将进一步促进中泰两国文化交流和中泰两国人民友好关系发展。在此，我们谨向有关领导人、孔子学院总部/国家汉办、北京大学和朱拉隆功大学以及对此书编辑出版给予大力支持和帮助的所有领导和有关人士表示衷心的感谢。

诗琳通公主殿下对本书的编辑出版给予热情关心，特别恩准无偿使用公主玉照、庆祝公主六十华诞徽标以及访华题词和照片，使本书得以问世，在此谨向公主殿下致以衷心的感谢和崇高的敬意！

在本书编辑过程中得到了诗琳通公主办公室主任、公主秘书阿拉雅夫人和公主办公室韩雯珂博士、敖兰芳女士的大力支持，多次协助收集公主访华题词和照片，在此表示由衷的感谢。

在本书编辑过程中还得到了诗琳通公主访问过的一些机关单位和相关人士的热情支持，提供公主的题词和访问照片，在此谨表谢意！

曾经教授诗琳通公主汉字书法的北京大学教授、著名书法家张振国教授应邀为本书题写了书名，特此致谢。

北京大学出版社为本书出版大开绿灯。杨立范副总编辑、杜若明编审、邓晓霞副编审和多位编辑从出版立项、装帧设计、图片增补到文稿编辑都付出了诸多辛苦，在此向他们致以诚挚的感谢。

由于水平和时间有限，本书不足之处在所难免。我们期待着各方专家的指教。

编者

2015年8月18日